思变

王亚东_著

中国财富出版社

图书在版编目（CIP）数据

思变 / 王亚东著 . — 北京 : 中国财富出版社 , 2020.6
ISBN 978-7-5047-7155-1

Ⅰ . ①思… Ⅱ . ①王… Ⅲ . ①企业管理－经验 Ⅳ . ① F272

中国版本图书馆 CIP 数据核字（2020）第 083660 号

策划编辑 谢晓绚　**责任编辑** 张冬梅　李　如
责任印制 尚立业　**责任校对** 卓闪闪　**责任发行** 白　昕

出版发行	中国财富出版社		
社　　址	北京市丰台区南四环西路 188 号 5 区 20 楼	**邮政编码**	100070
电　　话	010-52227588 转 2098（发行部）		010-52227588 转 321（总编室）
	010-52227588 转 100（读者服务部）		010-52227588 转 305（质检部）
网　　址	http://www.cfpress.com.cn		
经　　销	新华书店		
印　　刷	北京兰星球彩色印刷有限公司		
书　　号	ISBN 978-7-5047-7155-1/F · 3160		
开　　本	889mm × 1194mm　1/48	**版　　次**	2020 年 8 月第 1 版
印　　张	6.75	**印　　次**	2020 年 8 月第 1 次印刷
字　　数	194 千字	**定　　价**	68.00 元

自 序

思考中获自识，变动中寻心静

改革开放40年有余，我国各行各业中均不乏领袖级的人物，他们在各自领域中立潮头、踏浪行。这些人中既有无畏打拼、初露头角的“后浪”，也有稳若磐石、埋头深耕的前辈。在日常所见的不少文章中，均可见这些成功人士在战略、营销、人力等方面的过人之处，但对他们自身成长的思考以及面对外部变化时的应对策略，暂缺乏比较有深度的剖析，使得大众只钦佩他们的果敢，羡慕他们的成就，却没看到真正的原因所在。

《道德经》中有云：“知人者智，自知者明。胜人者有力，自胜者强。”有人把战胜商场上的对手作为自己的目标，有人希望时刻保持清醒的自我辨识，还有人则坚持不断地实现自我超越。在这个过程中，我认为“正心、明道、取势、优术”恰恰就是最为关键的四个板块。正所谓心之所向，动之所随——心是根本；道乃真知，见一得三——道是方向；顺势而为，事半功倍——势是机遇；术为道体，以术弘道——术是能力。

先明己后明事，心里怎么想，行动上就会有对应的体现。人需心存正念去思考和觉察，才有可能在略显浮躁的社会里获得自识的能力；同时也要善于利用周边资源，在逆风中轻舞飞扬，在逆境中顺应方向，才可在变化中平添一些“静”的功夫。

我也时常在思考，对于一个企业家而言，最重要的究竟为何？结合自己创业多年、从事培训工作近十载的经验，我认为有两件事情决定着企业的成败兴衰。

其一，是“思”。“业精于勤，荒于嬉；行成于思，毁于随。”这里的“勤”其实所指的不仅是肢体上的勤劳，更是思维上的勤奋。对管理者而言，肢体上的懒惰是可耻的，思维上的懒惰却是致命的。我所见过的所有的成功者都有个习惯，就是静得下心，勤于思考。只有养成勤于思考、深度思考的习惯，创业成功才有把握。

其二，是“变”。现在商业环境中最大的不变就是变化，而且变化的频率越来越高、周期越来越短。企业家们最重要的事情甚至不是改变自己，而是学会洞察环境的改变，而后通过“思”来链接自身，引发企业积极的改变。一个思维保守、脑筋僵化的创业者，很难在今天的商业世界中获得成功。

综上，我也想将个人的思考与看到的变化，汇入这本书里。它凝结了我多年来的所言、所感、所获。既是我帮助了数十万企业家的见证，也是自己内心不断觉察、变中求静的写照。须知变是路径，静为终点。鉴于此，望它能帮助更多的人，在繁杂的天地中，获得一盏明灯，寻得一片宁静。

目 录

第一部分

正心——通透有序的生命智慧

■ 修 身

第二部分

明道——立己达人的商业智慧

■ 商 道

■ 人 道

■ 激 仕

■ 统 兵

■ 掌 帅

第一部分

正心

——通透有序的生命智慧

修身

觉醒

底线

觉察

观照

输赢

断舍离

美德

- 懂得爱的那一天，你将不再寻找爱、追求爱、渴望爱，幸福不是找到你爱的和爱你的，而是成为爱本身。
- 大多数人喜欢去剖析别人说的话，非要找出点问题才觉得舒服，却忘记了生活应该学会过滤，学着主动去接收美好的东西。
- 幸福的能力，其实就是取舍的能力和过滤的能力。
- 很多人觉得降低底线可以换回一些东西或者弥补一些损失，其实不然，把握底线才能决定你拥有什么。

1

生命的两次诞生，
一次是肉体出生，一次是灵魂觉醒

人有两次生命的诞生，一次是肉体出生，一次是灵魂觉醒。灵魂觉醒时，你将不再寻找爱，而是创造爱；灵魂觉醒时，你才开始真实地、真正地活着。当你愿利泽众生时，所有的资源都会流向你。因为，资源是服务众生的。懂得爱的那一天，你将不再寻找爱、追求爱、渴望爱，幸福不是找到你爱的和爱你的，而是成为爱本身。

2

切莫轻易地评断身边的人与事

永远不要武断地下结论，这个不好，那个不对，这个狂妄，那个虚伪……你看到的只是事情的一面，甚至只是冰山一角，哪里有这样的权力和能力对别人的生活指手画脚。有时候，说得越多，越体现自己的肤浅。对于厚德企管（笔者所在公司）的评价，我也听了不少，各种各样，形形色色，庆幸的是大多数都是友好的声音，不过也掺杂着一些不一样的声音。喜忧参半，这就是真实的生活。不争辩不是屈服，而是相信时间可以解释一切。你看到的有限，有可能只是厚德企管过去时光中的一个片段，又怎能轻易下结论，甚至断言未来。有时候看清一件事，可能要十年；看懂一个人，甚至要用一生。

3

选择的智慧来自丰富的体验

我承认努力的重要性，但不可否认的是，选择比努力重要百倍。要想提高自己选择的能力，通晓选择背后的大智慧，唯一的办法就是去体验。选择的智慧来自丰富的体验。不要只关注自己的行业，去看看其他的行业，特别是新兴的行业；不要局限于小圈子，去看看全国，甚至全世界。从你那个小圈子走出来，去体验这大千世界，去看看这滚滚红尘。这种体验一方面会增强你的鉴别能力，让你能够分清好坏，辨别是非，让你的思维摆脱狭隘、变得开阔；另一方面还可以增加你的选项，在你过去的思维定式里看到的两三个选项都不是最好的，甚至都是错的，于是你怎么选择都是错，只有选项多了，才不容易犯错。不走出去，不去体验，一眼望去，认识的都是同行业的人，看到的都是这个小框架里的风景，又如何遇见更好的自己？

4

坚持，绝不过凑合的生活

不管做什么行业，都有一年的学徒期，两年的生存期，三年的职业期，最后才能步入事业期。一旦认定某个行业，开始了就坚持下去，半途而废只能停留在学徒期或生存期，然后不断降低自己的要求，最终一事无成。不认真对待工作，就是在和自己开玩笑，很多人工作了一辈子，都进入不了真正的事业期。人一旦习惯将就，那这辈子可能就会永远将就下去了。反之，如果习惯了优秀，生命就会从此不同！

5

人常有两个错误追求，你有吗

我们所追求的都是自己能过得更好、更安全、更快乐。然而，这种追求至今没有结果。如果长久地追求仍没能找到最终的归宿，那是不是我们的追求出了问题？是时候停下来重新思考了。就像希阿荣博堪布在《前行笔记之耕耘心田》中所述：如果我们不纠正两个错误，很难得到真正持久的安乐。一个错误是在缺憾中寻求完美；另一个错误是只想自己快乐。

6

无所畏，则无大成；有所畏，方有所为

心灵的最高境界是敬畏之心。如同信仰，那份虔诚任风吹浪打不可动摇。商家讲求诚信，朋友讲求诚心，合作讲求诚意，为什么要这样呢？因为世风日下，这些基本的道理也要拿出来讲了，缺之所以求之。如果每个人对规则、规定、伦理保有本能的敬畏，在商言信、在职言公、在群言理、在情言忠，这世界将是何等美丽。正所谓，无所畏，则无大成；有所畏，方有所为。

7

成功的人生就是删繁就简

大多数人，要活出简单来不容易，要活出复杂来却很简单。大道至简，成功的人生是一种删繁就简的人生，因为活得简单才能活得自由，也只有活得简单才容易体验到幸福。正如冰心所言："如果你的心简单，那么这个世界也就简单。"你不快乐、不成功、不幸福，其实和你现在已经拥有多少没有绝对关系，而是取决于你觉得该用什么方式和什么心态去生活。

8

是时候“做减法”了

这个世界上最难的事其实是“做减法”，你真的决心去掉一些东西，却发现什么都舍不得。生活其实也是一样，话越说越少是一个人成熟的表现，事越做越少是一个人成功的前兆。遗憾的是，无数人话越讲越多，事越干越杂。越少越有力量，越简单越容易成功，可往往想变多容易，想变少才难，所以成功者永远只是少数。断舍离，果真是一门大学问。

9

把握底线才能决定你拥有什么

有的人误以为，将自己的底线降低，便能弥补损失或者得到补偿，事实却并非如此。只有守住底线，才能守住自己拥有的一切，否则你将失去很多原则上的东西。而没有了原则，也就意味着失去的东西会越来越多，到最后甚至失去自我，让自己变成毫无底线的人……你的底线可以上下浮动，但不能一味地降低；你的原则可以适当调整，但不能没有原则。

10

怎样才会拥有“窒息的幸福”①

那些天生有钱、万事如意的人，不懂得什么是真正的幸福，只有那些在狂风暴雨下，抱着几块脆弱的木板在大海里颠簸的人，才能体会到晴朗的天空是多么的可贵和难得。大仲马曾说过，“永远不要忘记，在上帝揭露人的未来以前，人类的一切智慧是包含在这四个字里面的：‘等待’和‘希望’”。原来我们所有的幸福，都来自磨难，没有绝境中的“等待”和“希望”，就不会有让你“窒息的幸福”。

① 部分观点来自《基督山伯爵》，有微调。

11

真正的魅力是，多年后还喜欢和你在一起

一个人的魅力应该如何体现？不是你给对方留下了美好的第一印象，而是对方认识你多年后，仍喜欢和你在一起；不是你瞬间吸引了对方的目光，而是对方熟悉你以后，依然欣赏你；不是初次见面后，就有相见恨晚的感觉，而是历尽沧桑后，能由衷地说，认识你真好。有时候第一眼很容易看错，若干年后依然记得，那才是真的上心了。

12

莫用财产上的贫富看朋友

不要看贫富交朋友，他有亿万家财跟你一点关系都没有，别让自己扮演“哈巴狗”。有些人也许一无所有，却可以把唯一的食物分给你。不要为了经济富有的朋友疏远了精神富有的朋友，慢慢你会明白，经济富有的朋友可以带你吃喝玩乐，也可以带给你复杂纷乱的世俗烦恼；精神富有的朋友也许只能带你去田野里，去溪流畔，没有美酒佳肴，没有香槟咖啡，可是他能陪你一起放肆奔跑，一起开怀大笑，一起海阔天空！

13

警惕开口就谈淡泊名利的人

经常听到身边有人大谈淡泊名利之类的话题，听得多了反而让我心生厌倦。一个真正淡泊名利的人从不会把淡泊名利挂在嘴边，因为该体验的他早就体验了，该放下的他也早就放下了。满口的淡泊名利，其实是希望通过言语树立自己高大的形象，这只言片语就已经出卖了他，因为他至少在“名”上还没有放下。人性本逐利，姑且不谈贪与不贪，想让生活过好点儿，想让自己活出尊严，就必须先解决钱的问题。商人逐利，这是商人本性，不骗不抢，靠勤劳智慧赚钱没什么不好，不需要隐晦，更不需要回避。无名无利，又谈什么淡泊名利？让一个食不果腹的人去谈责任和爱，谈使命和情怀，我想他是力不从心的。

14

简单的人，不在复杂的人群里混

经过社会的打磨，很多原本简单的人变得复杂了。就好比一个人从前用脚走路，被迫开始用心眼走路，但你永远无法满足一个喜欢钩心斗角的人。简单的人一条路走到黑，复杂的人说好跟着走，但一回头就看不到踪影了。更多的时候，简单的人还傻傻地走在风里，复杂的人早已藏在了背风处。简单永远不要跟复杂斗，斗得过斗不过暂且放在一边，被伤害的却永远都是你一个人。简单的人，不要在复杂的人群里混。混到最后，你会发现，做个复杂的人真简单，做个简单的人好复杂。

15

简单真实是最长久的社交方式

社交之所以累，是因为想表现出自己其实并不具备的素质。不该去伪装的时候，不要让自己那么累，在你的家人和朋友面前，卸下自己所有的伪装，他们喜欢你、认同你，不是因为那些细枝末节，最敏感的往往是你自己。简单真实地面对每一个人，否则即便你暂时给别人留下了完美的印象，证明了自己超凡的能力，但日子还很长，你需要花更大代价和更多精力去维护那个不真实的你。世人往往聪明反被聪明误，最终才发现竹篮打水，一切成空。

16

优质人脉追求不来，要靠吸引

很多社交并没有什么用，看似留了别人电话，可你在需要帮助的时候，别人未必能伸出援手，因为你不够优秀。谁又愿意帮助一个不优秀的人呢？只有优秀的人，才能得到有用的社交，因为没有一个优秀的人会浪费时间和没有价值的人交朋友，除非他和你一样不够优秀。优质人脉不是追求来的，而是吸引来的。只有等价的交换，才能得到合理的帮助。

17

太理智的人，一辈子活在烦琐小事中

我们的一生要做出无数选择，小的选择可以凭借大脑权衡利弊，理性地做出正确的选择；大的选择则需要遵从内心，比如设定长远目标或者寻找终身伴侣，听从内心深处的声音才不会留有遗憾。

要培养自己的“灵感”，相信自己的感觉，走心的决定，才能产生顺心的行为。太理智的人，一辈子都活在烦琐的小事和斤斤计较中无法自拔。学会遵从内心意愿，才能找到本我，实现自我。

18

没有永远的输家，更没有永远的赢家

鸟儿活着的时候吃昆虫，死了却被昆虫所吃。一棵大树可以做出千万根火柴，一根火柴也可以烧光千万棵大树。

时间和环境随时改变，万事万物相生相克，没有永远的输家，更没有永远的赢家。莫贬低或伤害任何人，这一次你强，下次就是别人强，时间比你更强。我们能做的是一心向善和行善，高调做事，低调做人。

花儿姹紫嫣红，却只盛放朝夕；树木朴素平常，却能万世常青。

19

有时候说话能力太强，是一件坏事

昨日有人不停和我说话，说到我心烦意乱，我突然意识到，有时候说话能力太强反而是一件坏事。当一个人与你完全不在一个频率上时，就算你说的每一个字都有道理，他也听不进去；而且你说得越有道理，他就越觉得你烦。这可能就是我们说的“缘”，与无缘之人最好一个字都不要讲，淡淡微笑下即可。花几年学习说话，用一生来修炼闭嘴！

20

那些伤害你的事情，
换个角度看也许另有答案

假如你在某个时刻感到悲伤，记得千万不要悲伤太久，因为我们总是活在自己编写的剧本中，所看到的往往只是冰山一角，而不是事情的全部和真相。或许只是某些情感的放大，只是某些思维定式下的自我怜爱。真相可能并没有那么糟糕，只是你的误解和自以为是让真相难以接受。这个世界上很少有人会刻意伤害他人。

21

幸福中并非没有烦恼，逆境里也蕴藏希望

人生两种境况，顺境与逆境。顺境，可以发展事业，春风得意，享受人世繁花似锦。逆境，可以磨炼意志，休养生息，蓄势待发。小至经商办厂，大至治国平天下，一个领袖的威信得以确立，常常是从逆境开始，在逆境中力挽狂澜，反败为胜，最终成为众人眼中靓丽的风景。苏东坡说：“天下有大勇者，卒然临之而不惊，无故加之而不怒。”不要在遭遇不顺心事情的时候心烦意乱、浮躁紧张、不知所措；也不要在顺境的时候得意忘形。老子说，“祸兮福之所倚，福兮祸之所伏”，世上有很多的事情往往是因祸得福，因为福与祸两者是在不断地交替转换的，人生的一切都难以预料。一个懂得生活的人，其性格往往自信而豁达，即使遭遇困境，心也不乱，意也不烦，保持头脑清醒，泰然处之，从容应对。

22

人生中真正的三重考验

以下三种情况，才是对一个人真正的考验。第一，身处逆境之时，能不能从一而终，绝对可以看清一个人是否忠诚。第二，处在人生巅峰之时，能不能不骄不躁，绝对可以看清一个人是否成熟。第三，出现诱惑之时，能不能不为所动，绝对可以看清一个人的修为。人最怕遇到困难就跑，小有成就就飘，稍有风吹草动就动摇。但凡经历了这三重考验，还能一如既往地前行，此生必有所成。

23

恰到好处的喜欢与坚持，强过用力过猛的激情

我们习惯于把事情想得简单，想以最快的速度实现自己的想法，但太用力的人反而跑不远。用力过度会让人不自觉地对结果抱有更高的期待，从而对于挫折和失败的反应更激烈，不得不花大量精力与自己的负面情绪做斗争。这个世界并不会因为你委屈难过，就轻易给予回报。努力不应该是某种需要被时常觉知的东西，意志力是短期内会用完的精神能量。真正坚持到最后的人靠的不是激情与刺激，而是恰到好处的喜欢和投入。

24

理想可以很丰满，赚钱只是顺便

人活一生，不只是为了赚多少钱，更多的时候，是为了心中的梦，是为了一种希望、一种尊严、一种责任、一种使命，是为了让自己变得更强大、独立和完整。看似追求物质财富，实则追求自我成长。走过一段路后才发现，当修养足够，孝心、爱心、感恩之心足够，内心足够强大时，赚钱只是顺便的事，成功是早晚的事。其实，人的成熟和成长比成功更重要。做一个“值钱”的人比做一个有钱的人更重要。

25

不看现在有钱没钱，要看未来如何“值钱”

有钱的人不一定“值钱”，比如一些富二代，看似腰缠万贯，其实一无所有，他们没有能力、没有智慧，一旦家财散尽便气数已尽。而“值钱”的人早晚会有钱，因为“值钱”的人一定有智慧和能力，这不仅能让他们安身立命，还能积累财富，这样的人甚至连存钱都不需要。所以不要把自己变成“存钱罐”，因为没有人能够靠存钱变富；但一定要把自己变成“印钞机”，需要钱的时候可以随时靠能力去赚。一个人与其有钱，不如让自己变得“值钱”。

26

获得什么样的未来，
取决于怎么支配现在的金钱

金钱有两个功用，一是维持现在，这叫消费；二是购买未来，这叫投资。用于前者的叫成本，用于后者的叫资本。看一个人把钱财用到什么地方，就知道他有什么样的未来。看一个企业把资金用到什么地方，就知道它有什么样的前景。小到个人和团队，大到社会和国家，道理都是一样的。未来想拥有什么，就把钱用到什么地方。对未来没有想法的人，就不知道拿钱干什么。未来什么样，是由当下的投资决定的。所有的未来，都和当下你对金钱的支配有关。

27

在人的内心中，
同住着“善良之心”和“邪恶之心”

在做某种决定的时候，如果优先考虑自身的利益，那么判断往往会失误，结果走向错误的方向。人往往偏向考虑自身的利益，忘却同情对方，突出一个“我”字，这样就不可能得到周围人的协助，工作就无法顺利开展。某位哲学家说过，在人的内心中，同住着“善良之心”和“邪恶之心”。所谓“善良之心”，就是充满同情和爱，是一颗关爱客户、伙伴的利他之心；所谓“邪恶之心”，就是“只要自己好就行”，充满自私的利己之心。我们必须做出努力，增加“善良之心”的比重，减少“邪恶之心”的比重，只有这样，才能获得真正的幸福。

28

眼睛只会看到当下，眼光才能看到未来

看到一个很有意思的小故事：两只狼来到草原，一只狼很失落，因为他看不见肉，这是视力；而另一只狼却很兴奋，因为他知道有草的地方就会有羊，这是视野。视力和视野的区别就在于此，每个人都有眼睛，但不一定都有眼光，每个人都有脑袋，但不一定都有智慧。人生，是一个不断修炼的过程，不同角度看问题，结果自然也是天壤之别！高度决定视野，角度决定观念，不同观念构成截然不同的人生。眼睛只能看到当下，只有眼光才能看到未来！

29

不尊重自己，又岂会尊重他人

不可妄自菲薄，那样无异于将自己五花大绑。一切从尊重自己开始。尊重毫无经验的自己，尊重一无所成的自己。只要你尊重自己，便会无法作恶，也无法做出轻率的举止。改变活法，能让你更接近自己的理想，也能让你成为他人学习的榜样。这样能开拓你的可能性，并给予你将其变为现实的力量。要活出精彩，首先就要尊重自己。

30

当我们做到尊重对手的时候，已经没有了对手

尊重别人有三种境界，第一种境界是尊重亲人，第二种境界是尊重路人，第三种境界也是最高的境界，那就是尊重对手。当我们可以做到尊重对手的时候，我们其实已经没有了对手，这才是真正的无敌。成功之路，绝非靠自己一人，而是要与他人、与对手并肩而行。我们不能因为对手阻碍你发光发亮而对其厌恶憎恨，相反，要从内心尊重对手，感恩他们与我们同行，重视他们，勇敢地面对他们、超越他们、战胜他们。一个人小成功是靠自己，大成功往往是靠对手。

31

真正的高手，并不过于计较输赢

世间真正的高手，是能胜，而不一定要胜，有谦让别人的胸襟；能赢，而不一定要赢，有善解人意的意愿。输赢带来的快感只是一时，谦让带来的尊重却更持久。真正的高手，懂得放下输赢，看淡胜负，宠辱不惊。此生谨记，以快乐为准则，不仅要追求自己的快乐，还要让更多人因为你的存在而快乐，只要可以更加快乐，一切都不必太过计较。

生活里有太多的不如意，于是我们习惯了患得患失，得到了怕“担不起”，失去了又觉得“伤不起”。人生在世，无非是把想不通的事想通，把必须要迈的坎迈过，把实在解决不了的问题放下。世态炎凉，无须迎合；人情冷暖，勿去在意。身在万物中，心在万物外。所谓智慧，就是把不该看重的东西看轻一点，把不该看轻的东西看重一点。

32

真正的涵养只会体现在细微之处

人与人之间的差距，往往不在知识，而在修养。你的修养不是体现在冠冕堂皇处，而是细微之处。点滴小事最能体现一个人的修养，一个没有修养的人，即便表面上做得尽善尽美，在细节里却毫无保留地展现了自己的素质。往往也只有从细微的小事，才能看清一个人的素质，看到一个人的修养。

优己

信念
经验
静观
教条
担责
克己

- 面对机会和挑战，能否把握都是正常的，但不一样的信念决定了不一样的结果。
- 把焦虑当作一种修炼，它是在完善自我残缺的认知。在顺境中平静不是能力，在逆境中平静才是修为。
- 我们很容易陷入自己头脑编织的受害者故事中，但如果你任由自己去当一个怨天尤人的受害者，那么你就放弃了成长的责任，放弃了活出自由的力量。
- 人生99%的痛苦，源于跟自己较劲。与自己较劲有很多种方式，比如批评自己、不肯原谅自己，表面上看，是一种自我承担，但实际上，这是一种偷懒的方式，它使我们可以不去面对真正的问题。

1

我们秉持什么样的信念，就收获什么样的结果

你相信什么，就会吸引什么，这叫心想事成；你怀疑什么，什么就会与你擦肩而过，这叫不信则无；你抱怨什么，什么就在你身上发生，这叫怕什么来什么。面对机会和挑战，能否把握都是正常的，但不一样的信念决定了不一样的结果。在这个世界上，我们唯一需要突破的，就是自己内心的障碍。所有目标的实现，都是潜意识的推动，所有的成功，都来自相信！

我们所拥有的“超能力”，就是放大你所关注的感觉。放大不满意、不被爱、不够好的感觉，随之而来的就是不配得到感，你会更容易生气，责怪别人，恐惧未来。请你把这个力量用于正面，关注你已经有的东西，找回自身的满足感。任何事情里你都能找到让你感到满足和幸福的地方，只要你愿意探索它们对你的积极意义。我们要学会的就是永远选择正面回应每一件事。

2

不懂得控制情绪的人，早晚会毁掉他的世界

越是没本事的领导越是对下属百般挑剔，越是没本事的男人越是和老婆大呼小叫。越是有本事的人越懂得控制自己的情绪，越是没本事的人脾气越大。一个不懂得控制自己情绪的人，即使把全世界都给他，也早晚会被他毁掉。

能控制情绪的人，比拿下一座城池的将军更伟大！人永远需要两种能力：好好说话的能力和掌控情绪的能力。前者直接决定了你与他人的关系，要讲对别人有用的话，讲别人想听的话，而非自己想讲的话。所谓高手，只要开口就对别人有帮助。你能让别人舒服的程度，将决定你人生的高度。后者决定了你与自己的关系，所有的抗拒都会产生负面的情绪，所有负面的情绪皆是因为“不接受”。一个人真正的强大，是能坦然接受世事无常。

3

在顺境中平静不是能力，在逆境中平静才是修为

焦虑会让人看不清大局、看不清趋势、看不清对手，因为想要摆脱焦虑，人们就要采取行动，遗憾的是大多数人在焦虑情况下会做错事。把焦虑当作一种修炼，它是在完善自我残缺的认知。在顺境中平静不是能力，在逆境中平静才是修为。如何在焦虑中保持清醒的头脑，不受情绪影响，对局势和趋势做出准确判断，是对一个领袖真正的考验。每个在焦虑中前进的人，既是愚者，也是智者，是愚是智、是成是败，仅在一念之间。处事不慌、遇事不乱、宠辱不惊，这就是智者的修炼。

4

心静时，才会有答案

有这样一个令人深思的小故事：父亲新买的手表不见了，心里十分焦急，一边抱怨一边寻找，将家里翻得乱七八糟也没有找到。等他出门之后，儿子悄悄地走进房间，只一会儿工夫就找到了手表。父亲回家后欣喜不已，问儿子：你是怎么找到的？儿子回答：我就静静地坐在那里，一会儿就听到了手表的嘀嗒声。现实中很多人可能都遇到过这样的情况——越是焦灼地寻找，越是难以找到自己内心想要的东西；而当内心平静下来时，想要的东西往往就在眼前。

5

先静观全局，再谋定全局

任何一件事情，无论大小，当我们置身其中时，有能力去统观全局才是最重要的。当我们静下来谋划时，先退一步，让自己置身事外去看待全部事务所产生的所有可能，就可以制定出应对各种可能的措施，思维就会更开阔，大格局也自然地显现出来。所以我们不该只做一件事情而不观全局，这样既难积累有效的经验，又比较容易引发各种意想不到的突发问题，更有可能在同一个错误里不断地重复，难以超越。先静观全局，再谋定全局，遇事则进可攻、退可守，也多了一份走向成功的自信和一份面对失败的从容。

6

放弃受害者心理

有些人在遇到挫折时，会习惯性地把自己放在受害者的位置上，认为所有的错误都源自他人，甚至会认为他人有迫害自己的倾向或动机，却从不思考自己在其中扮演了什么样的角色。殊不知，他们在怨天尤人的情绪中停滞不前，在让自己失去成长动力的同时放弃了自己成长的责任，主动丢掉了进步的力量。

7

败德源于你的抱怨

人一旦抱怨，情绪恶劣，最终伤到的一定是自己。有的人对家庭的抱怨很多，就干脆不回家；有的人对公司有很多不满，就消极怠工。最终家庭不和睦，工作无成效，最大的受害者是谁？你抱怨，甚至是报复，对方损失永远有限，而由这种心态产生的种种行为则会成为你成长的障碍。抱怨父母者成了不孝儿女，抱怨朋友者最后孤身一人，抱怨同事者引发明争暗斗……种种均由抱怨产生，十分可怕。人一旦心中满怀怨恨、怨天尤人，就总觉得世界不公平，自己受了委屈，天下人都对不起自己……这是最危险的信号。因为你对社会的热情不够，对人生的际遇认识不清，对自己的付出心有不甘，对自己的获得有所不满，因此才会愤愤不平、怀忧丧志。你开始抱怨的时候，就是一蹶不振的开始。

8

过自己的人生，不要站在别人的时区里

在思考和判断问题时，我们总是会被一些所谓的“标准”所影响，形成刻板印象，比如什么年纪应该结婚生子，什么样的大学或专业应该成为第一志愿，男人有钱就会变坏，女人都拜金，微商都是骗子……如果我们形成了这样的刻板印象，看待问题便会流于表面，过于主观和绝对，并且失去最基本的理性思考能力。所以，无论在什么时候，最好不要妄下定论。对于一个人、一件事的评价，应该是客观且全面的，而我们很难完全了解一个人或一件事，所以凡是片面、固化的结论都不能成为评价的标准，更何况所有事物都处于不断变化的状态中。我们需要做的，就是让自己保持客观和理性，在没有确切的证据之前，不要被刻板印象所影响，随意给他人、给事物定性，这样才能保证思考和判断的公正性，这也是一种个人的修为。

9

能人克己，君子慎独

年轻的时候，以为自由是想做什么就做什么，后来才发现，自律者才会有自由。当一个人缺乏自律的时候，他做的事情要么受习惯和身边环境的影响，要么被他人的思想观念所扰，几乎永远不可能去做内心真正渴望的事。如果你战胜不了高油高盐食品的诱惑，你就不可能拥有完美的身材；如果你战胜不了懒惰，每天都在玩乐，你就不可能拥有卓越的人生。而那些自律到极致的人，都拥有了“开挂”的人生。既然选择了不思进取、浑浑噩噩、没有半点目标可言的生活，就不要做什么英雄式的梦，好好地甘于平庸。既要前程似锦，又要毫不费力，“你咋不上天呢”？

10

生出定力，生活才会听从自己的安排

定力，就是对自己的控制力。定力好的人，谨言慎行，不随波逐流、不放纵欲望，有所为、有所不为，因而不被情绪左右，能看淡名利得失、宁静做自我、从容过生活。心随境转，皆为凡夫；境随心转，皆为圣贤。欲望淡了，心灵静了，生出了定力，生活才会听从自己的安排。

11

不怒他人不达标，不恼自己没做到

不要因为别人不能成为你所希望的样子而愤怒，因为你自己也不能成为自己所希望的样子；也不要因为你不能成为自己所希望的样子而懊恼，因为现实和理想永远存在着差异，不要太难为自己，尽力就好。不要让自己活在愤怒和懊恼中，有人能让你愤怒，说明你的修行还不够深；时常在懊恼，说明你的修为还不够高。

12

没有不完美的处境，没有不对的时刻

我们的所有经历，都是成长必须经历的。这些经历不管好坏，都会完整地写进我们的生命，微不足道的细节也不会遗漏。不管人生的经历如何，有些事情必然会发生：美好的经历让我们获益匪浅，痛苦的经历也会给我们经验和教训，所以不管经历是美好还是痛苦，都应面对。

不管这些经历发生在人生的哪个阶段，都是最好的时刻和最好的安排。美好的经历和痛苦的经历，出现的时刻都不早不晚。如果你做好了充分的准备，想要开始自己的人生之旅，那么它们就会在那里静静等待你迈出勇敢的第一步。而那些已有的经历，则会变成宝贵的经验，帮助我们获得成长与进步。

我们要辩证地看待经历的美好或痛苦，对于那些已经发生的事，最好的态度是放下，汲取经验，不断前进。你翻开这本书，被这些文字所吸引，也不是一种巧合。假如这些文字打开了你的心扉，也是因为机缘成熟，这是人生中必然会发生的事，因为每一片雪花都只会落在最正确的地方。

善待自己，活在快乐之中，去珍惜生命中的所有！

13

快乐，不在外界，而在自身

很多人倾其所有，只为获得最简单的快乐，可却因为出发点不对，最终一无所获。这也是很多人感到生活苦涩、内心不快乐的根本原因。他们将快乐单纯地建立在金钱、事业和爱情上，稍有不满，便会闷闷不乐。追求财富、事业和爱情并没有错，但是将追求快乐的本质建立在外界不稳定的条件之上，难免会让人失望，因为快乐不在外界，而在自身。只有拥有发自内心的力量，才能获得快乐。

14

快乐，也可以是自己经营出来的美好

有时快乐需要努力去达成。就像维持家中整洁美观，你要把好东西陈列出来，把垃圾丢掉。那些好东西带来快乐，快乐就是发现生命中的好东西，同样面对一扇窗户，有人看见美丽的风景，有人却只看见玻璃脏了；有人看见窗外的高山流水、蓝天白云，有人却只看见窗外的垃圾与污垢。看见什么，不取决于窗户，也不取决于窗外的风景，而是取决于自己。

快乐，就是你能看见的美好。

15

找喜欢的人，做喜欢的事

有多少人到现在还不明白，人和人之间想要保持长久且舒适的关系，靠的是共性和吸引，而不是压迫、捆绑和奉承。没有共性就不能吸引，更无法同频，在一起也是相互敷衍，得不到真心。一味地付出以及道德式的自我感动，也没有办法代替这种同频共振的和谐。所以我常说：找喜欢的人，做喜欢的事。这种喜欢是种说不清道不明的“感觉”，亦是一种冥冥中注定的缘分。透过吸引力法则生出的奇妙的缘分，让彼此产生连接。找到自己喜欢的人，是多么的重要。

16

能让我们变得强大的，只有走过的路和读过的书

我从小就喜欢读书，这个习惯一直延续到今天，也正是这个习惯，让我有了超越同龄人的成熟。人读书越多，越不会被外在的环境困扰，越不会被寂寞、孤独这样可怖的东西击败。因为书籍会逐渐在人的心灵里建造一个完全独立于外界的力量王国。

能够让我们的精神王国变得强大的，只有走过的路和读过的书。

17

有一本属于自己的成就账簿

一个人所获得的成就，不能狭隘地以金钱来衡量。在漫长人生中，你真心爱过多少人，又有多少人真心爱过你？做生意需要一本账簿来记录每天的支出与收入，两者相减得到的便是盈利；人生也需要一本账簿来记录爱与被爱，两者相加得到的便是成就。所以，成功所涵盖的东西太多，事业上的成功仅仅是其中之一，只能算是一种成就。

18

把“小心”换“大心”，大事就会变小事

同样是一颗心，有的能装下高山和海洋，有的却只能装下一己之悲欢。有大心量者，方能有大格局；有大格局者，方能成大气候。发脾气是无能的表现，不生气就能消业障。脾气、嘴巴不好，心地再好也不能算是好人。得理要饶人，理直要气和。多一次原谅，就多一次积福；把量放大，福就大。心有多大，世界就有多大，如果你的心还不够大，就用经历、痛苦与磨难去撑大它。

心小了，小事就大了；心大了，大事都小了。大其心，容天下之物；虚其心，受天下之善；平其心，论天下之事；潜其心，观天下之理；定其心，应天下之变。[①]心态决定一切。

① 出自《西山群仙会真记》。

19

坚持和高能量的人、事、物在一起

宇宙间万事万物规律运转，变幻自如，宇宙的秘密其实就是能量的秘密。地球围着太阳转，月球围着地球转，能量大的影响能量小的。和比自己强的人在一起时，你能够从他们身上学到很多东西。所以，要永远和高能量的人、事、物在一起，并努力成为拥有高能量的人。

20

不同的习惯会定义不同的人生

这个世界上很多事情不需要什么毅力，比如吃饭、睡觉、打游戏。成功的人和失败的人最大的区别在于，前者会有意让自己养成很多优秀和健康的习惯，而后者则任由自己养成很多恶劣和消极的习惯，不同的习惯组成了不同的人生。大多数人失败的原因都是一样的，就是战胜不了自己的惰性。

21

定而后钻方能长

年会时，与伙伴分享了一个观点，“如何才能成长”。成长的第一个条件是“定”，如蒲公英的种子，如果一直在飘，寻不到自己的那一方净土，定不下来，就永远无法觅得成长的养分，自然无法成长。人也是一样，心定不下来，绝没有办法开始“长”。成长的第二个条件是“钻”，安静地定在那里，不做任何的努力，等待别人的滋养，也很难长大。你必须有强烈的向上生长的决心，就算土壤再贫瘠，也要破土而出，哪怕遇到岩石，也要绝处逢生！你必须有强烈的向上生长的姿态，去认真地钻研、提升，才能不停地“长”。

定而后钻方能长！一个人不成长，就无法获得成功。

22

机会就在舒适区外

最近我听到了太多的“不敢”。不敢创业，不敢开疆拓土，不敢挑战新的岗位，甚至不敢表白。我想这是每个人都有的心路历程，心理学上管这种心态叫“低趋高避”。有这种心态，或许是因为你在潜意识里过于渴求完美，或许是你把自己的能力估计得太低，抑或是你天生就不是一个冒险家，骨子里习惯了平平淡淡。久而久之，无论在感情上，还是在事业上，你都变得畏首畏尾。当然，既然没有开始，自然不必面对失利，于是人生一步步迈向平庸。人生就像一场赛跑，如果你都不敢站上起跑线，那就提前放弃了夺冠希望。虽然冠军只有一个，但是只要你勇敢奔跑，就算不能站上巅峰，至少你能跑过终点。生命只有一次，应该勇敢地去做自己想做的事。该勇敢时须勇敢，该恣肆时须恣肆，该忘我时须忘我。

23

拥抱问题是一个新开始，感谢问题是一种新境界

在过去几年的创业过程中，我几乎每天都在处理问题，到现在我已经习惯与问题为伴，甚至长时间没有遇到问题我会觉得工作索然无味。后来我才触摸到内心的真相，每一个问题都可以给我带来挑战和成长，而解决问题后的“征服感”可以让我感觉到自我价值的实现。不少员工同样善于发现问题，但是对待问题的态度却千差万别，有的逃避，有的抱怨，有的推诿……愿意主动去解决问题的人，一两年后都不是普通员工了。拥抱问题是一种高度，感谢问题是一种境界。

24

永远不做因为苹果而放弃成长的事

一棵苹果树，终于结果了。第一年，它结出了10个红红的大果子，却被人摘走9个，只剩下1个孤零零地挂在枝头。为此，它十分懊恼，甚至拒绝成长，不再结果。然而，它又转念一想：我应该更加努力地成长，到了来年春天，结出100个果子，就算被拿走90个，还剩下10个属于自己；最坏的情况是被拿走99个，但至少还有一个属于自己啊！这样继续成长，到了第三年，就能结出1000个果子了……人生最好的礼物并不是得到多少果子，而是获得多少成长。当自身不断壮大时，收获的果子自然会更多。经营自己是永恒的主题，千万不要因为激愤和满腹牢骚而自断经脉，也不要因为付出与收获不对等而放弃提升自己。不论遇到什么事情，都要做一棵永远成长的苹果树，因为你的成长才是最重要的收获。

25

心存敬畏，方能行有所止

一个人在走向成功的路上，应该怀有敬畏之心。敬畏父母，才能无微不至地孝敬他们；敬畏孩子，才能倾力抚育；敬畏朋友，才能包容、欣赏与帮助；敬畏生命，才能注重自身健康，也善待身边所有的生灵；敬畏家庭，才能相互理解，相互信任；敬畏职业，才能拥有使命感，将职业当成事业；敬畏公司，才能自觉遵守秩序，不迟到或早退；敬畏客户，才能换位思考，将客户的利益当成自己的利益……总之，常怀敬畏之心，山河将为你让路，成功就在眼前！

26

纯净的内心不会观照出他人的恶意

越是善良的人，越觉察不出别人的居心不良。精神层次越高的人，越善良，越纯净，他们的善良也终将会得到别人的敬仰。因为你的内心不够纯净，所以才会感知到一个丑恶的世界。这个世界上有很多事情可以把你打倒，但是真正击败你的，是你自己的那颗心。如果内心不够纯净，人生永远无法达到圆融的状态，你所获得的快乐、幸福、成功、财富都是暂时的，因为你最终会受到良心的谴责。不是别人不会原谅你，是你自己根本无法原谅自己曾经的无知。良知，是生命终极的审判。

27

不妨常问自己，今生为何而来

失败者与成功者产生差距，不是因为能力差异，而是因为没有目标。有志之人立长志，无志之人常立志。有志之人会坚定自己的目标，不断前进；而无志之人则如无头苍蝇一般，到处乱撞。人生要有方向、有目标、有计划、有紧迫感。一个又一个小目标串起来，就成了你一生的大目标。志不达则智不达，没有凌云壮志，纵是一身功夫也无法让你展翅翱翔。

大多数人失败的根源不是自己不够努力，更不是方法错了，而是你要实现的那个目标是错误的。一是目标本身是反趋势的。二是这个目标超越了你本身的能力。在管理学中更多谈论的是如何实现目标，但往往忽略了“制订正确的目标”才是管理的首要任务。“趋势、机遇、自我”的焦点才是制订目标的核心。

28

摆脱自我消耗，从接受开始

人生中绝大多数的痛苦，并不是因为承受了过多苦难，而是不肯放过自己。当你的心灵不堪重负时，就应该停下来静心思考一下：你是否正在与自己较劲，并且正在消耗自己？很多人都会在不知不觉中进行自我消耗，比如总是给自己负面的评价、不愿意原谅自己犯下的错误等。这并不是一种自我承担和彰显责任感的表现，而是一种偷懒和逃避，让我们不必去面对和解决真正的问题。我们把时间和精力都用在了内疚、责备和评价自我上面，哪里还顾得上去解决问题呢？大多数人都会沉溺于内心自我责备的声音中，并且自我安慰。更可怕的是，他们自怨自艾，却不知道自己正处于巨大的自我消耗之中。如果不愿意接受当下的情绪体验和所处环境，并且没有一颗乐观开明的心，将很难摆脱内耗带来的痛苦。

29

与人相处不愉快的时候，不如先放低对他人的期望

我们内心浮躁的原因之一，就是对他人的期望过高。对孩子期望过高，孩子的表现很难让父母满意；对伴侣期望过高，伴侣稍有疏漏便会引发矛盾；对员工期望过高，员工便难以完成老板所期望的绩效。假如我们想更容易获得快乐和满足，就不要对任何人、任何事抱有过高的期望。我们可以付出，但不要总想着回报。如果付出只是为了得到回报，那结果多半会让人失望。相反，不计回报地付出总能给我们带来意外的收获。很多人时常忘记感激别人，却总是在付出之后期望别人的感激，一旦没有得到内心所期望的东西，就会觉得自己受到了巨大的伤害，每天都让自己活在失望之中。

30

当眼中不再有看不惯的人和事，便真正接纳了自己

我们时常看不惯他人的言行、举止、作风，其实是自己的修养还需提升。生命最大的意义，不是如何去改变他人，而是如何真正地了解和接纳自己，进而真正地了解和接纳他人，从而富足自己的内心，让自己心胸开阔、目光远大。当真正懂得了解和接纳自己时，才有可能看到并活出自己本来的样子；当真正懂得了解和接纳他人时，才有可能无限地接近真实的世界。接纳他人，接纳自己的不足，才有包容万物的肚量！

31

“分享”这件小事，坚持下来就成了大事

有人认为“分享”是一件小事。那是因为你没有养成“分享”的习惯，更没能体验其中的乐趣。“分享”是一种美德，“分享”可以让自己不再孤独，让学习的效果叠加，让爱传承，让思想延续。这个世界上没有小事，任何小事做到极致都能成为一件惊天动地的大事。小事干不好，大事就干不成。我相信，只要初心不忘，只要矢志不渝，此生大业必成！

第二部分

明道

——立己达人的商业智慧

商道

模式

定位

壁垒

战略

品牌

营销

产品

- 聚焦要做的第一件事，是学会放弃，放弃不挣钱的客户，放弃不赚钱的产品，这是一件看似简单却不易操作的事情。人生当中亦是如此，有时候放弃比得到更难，其原因在于你挂碍太多，分不清重点。

- 看似小生意，事无巨细地去做，也可以变成“巨无霸”，永远不要觉得自己做的是小生意。

- 太多人把互联网带来的一切改变绝对化、神圣化了，总讲“产品做到极致、客户体验极致”。“极致”就是个错误的提法，在商业经济中，我们不提极致，只提效益和成本的平衡点。把品质做到极致，意味着成本上升到极致，这是变相损害客户利益。

1

大商之道

羊群逐草，商人趋利，无可厚非。但大商应秉承君子爱财，取之有道的原则，遵循见利、思义、为富、重仁的理念，拥有“穷则独善其身，达则兼济天下”的博大胸怀。

大凡天下之学问，万事成败，皆不出“道”与“术”这两大范畴。“道”是河，“术”是舟；“道”是舵，“术”是桨。无河无以载舟，无舟难以渡河；无舵则无方向，无桨则无动力。所以，“道”是方向，“术”是方法；“道”是法则，“术”是谋略。商场也是一样，“道”是战略，“术”是战术，唯有“道”和“术”融会贯通，才能在商场游刃有余。

于己有利而于人无利者，小商也；于己有利而于人亦有利者，大商也；于人有利，于已无利者，非商也；损人之利以利己之利者，奸商也。大商之道，应利人利己，利国利民，以利众渡人之心做事，你会发现，你在渡人，众生也在渡你。

2

不管小企业还是大企业，都要敢于打破规则

我们必须对行业内的规则有一个全新的认识，它并不是具有强制性的法律，而是一种约定俗成的规约。现实生活中大多数人都生活在规则之中，比如中秋节要送月饼、情人节应该送玫瑰、“双十一”商家就要降价销售等。事实上，这样的规则下往往掩盖着另外的真相，中秋节的月饼价格是平时的几倍，口味还雷同，为何不选择其他的礼物，更显新意呢？情人节的玫瑰花几近天价，为何不在平时购买，实惠又不失浪漫呢？“双十一”各大企业竞争激烈，为何不换个时段促销，以最小的投入换来最大的回报呢？企业无论大小，只有敢于打破规则，才能突出重围，赢得生存和发展的空间。

3

你的企业是“动物型”还是“植物型”

企业的进化可以分为两种，一种是“植物型”，另一种是“动物型”。“植物型”企业就是默默开花，等待着蜜蜂过来采蜜授粉；“动物型”企业就是主动猎食，为了生存不断寻找目标。“植物型”企业比较被动，不愿意主动改变，到了万不得已，甚至濒临绝境才会改变，这种企业在弱肉强食的今天会逐渐成为商业世界中的配角。而“动物型”企业，永远有敏锐的嗅觉，敢于冒险，富有激情，总是在寻找新的机会，在尝试中不断强大自我，让企业不断发生质的变化，这种企业才能适应现代商业的竞争节奏。

4

不是所有的经验都是财富

科学表明，人们每天重复考虑的，无不与回忆有关，即单一的、已经变成过去的内容，人们总是通过参照回忆来预测未来。企业在设计自己的商业模式时也是一样，通常只能形成一种影像，而这种影像多基于一个前提，即过去的、同行业的经验，在设计创新商业模式时，正是这种所谓的经验，扼杀了我们的创新。

如果你积累了很多经验，请先甩掉它们，因为它们正在变成一种累赘和负担，特别在这个日新月异的时代，你昨天的经验，在今天可能没有任何用武之地。如果你初出江湖一无所有，请不要胆怯，因为这崭新的世界就是为你而准备。要学会归零，重新回到起跑线，虔诚地对待每一天，虚心地向这个时代学习，向这个新的世界请教，只有这样，你才能跟得上这个时代的脚步。

5

你最熟悉的行业一定是你最赚钱的行业

第一，在当前经济形势下，企业家要坚持做主业，做最熟悉的事。最赚钱的行业不一定是你最熟悉的行业，但你最熟悉的行业一定是你最赚钱的行业。进入陌生的行业，相当于进入一个“雷区”，很多人都是在“以身滚雷”，这个伤亡太大，小企业承受不起。全球化的本质是专业化，专业化是克敌制胜的法宝，心定不住就无法打造自己的专业。第二，越是在这个时候越要定下心来学习，不仅要自己提升能力，还要引导员工提升能力。选择投资行业、项目时要谨慎，人力资本上的投资可以大胆，因为这个投资不会吃亏，提高企业全员的素质才是真正一本万利的“好生意”。

6

定位的作用是聚焦，聚焦的重点是放弃

定位的作用是聚焦。做宽等于做窄，做窄等于做宽；宽度一厘米，深度才有可能一千米，因为你的精力永远有限。聚焦要做的第一件事，是学会放弃，放弃不挣钱的客户，放弃不赚钱的产品，这是一件看似简单却不易操作的事情。人生当中亦是如此，有时候放弃比得到更难，其原因在于你挂碍太多，分不清重点。想要更好得到，必先准确放弃。

7

与近10万企业家交流后，我对企业定位的10年思考

给一家企业定位必须思考如下七个问题：①你是谁；②你在什么行业；③你服务的对象是谁；④这些人有什么需要，或者有什么特殊的需要；⑤你的竞争对手是谁；⑥你和竞争对手有什么不一样；⑦客户最终从你这里可以获得什么特殊的利益。这七个问题是企业准确定位的基础，也是企业领导者思考的核心。

企业的定位在于领导者自己的人生定位，领导者的人生定位决定企业的定位；企业的文化在于领导者自己的文化，领导者的文化决定企业的文化；企业的产品在于领导者自己的人品，领导者的人品决定了企业的产品。总之一句话，企业领导者就是底片，企业的一切存在都是照片。员工不听话，文化不生动，产品不过关，定位不清晰，这些都是表面现象，真正的原因是企业领导者不行。

8

行业市场的稳定是企业盈利的基础

成功的商人普遍有一个共识，就是在保证产品质量的基础上降低产品价格。然而，现实中很多企业都只想着盈利，不断提高产品价格，最终产品垮了，行业市场也乱了。虽然市场还能恢复到原来的状态，但修复的过程极其漫长，费时又费力，稍有不慎还有可能导致一个行业终结。事实上，任何新生的力量都不是源于飞蛾扑火的无知与无畏，而是源于坚守品质、勇敢创新的执着。

9

顶层设计让企业试错次数大大减少

商业和企业已经从传统的“试错导向”逐步过渡到“顶层设计导向”，这意味着商业和企业的变革不再需要通过不断试错来进行，而是通过顶层设计的思想，先谋定而后动，大大地减少了试错的次数。试错的次数大大减少了，企业的风险同样会减少。现在的商业环境和过去无法同日而语，以前有一个宽松的环境可以给我们去试错，而现在没有了这样的环境，不仅不能试错，甚至容不得犯错。企业试错的成本剧增，小企业根本无法承受试错带来的消耗。

10

好的商业模式应具备的四大特征

之前，我与学员探讨一个服务项目的商业模式，在不断推演之下，终于形成了满意的逻辑。好的商业模式必须符合如下特征：一是逻辑清晰并且通畅，只有逻辑成立才有可行性，可以天马行空去想，但不能脱离实际；二是模式简单，流程简化，大道至简，越简单越有力量，越简单越容易操作；三是新颖独到，不易被模仿，一定要记得设计一道“防火墙”，防患于未然，让别人无法模仿或者难以模仿；四是利润稳定并最大化，一切商业行为均以利润为导向，优秀的商业模式一定可以产生稳定和最大化的利润，再好的商业模式，创造不了利润，也只是花拳绣腿而已。

11

好的商业模式不是先拿“风投”的钱，而是企业自己能健康地活下来

如果你对自己的项目有信心，应该想尽一切方法，破除一切阻力，先开始，先运营，先看到效果，这才是正确的做法。不能盈利，连自己都养活不了，这种商业模式又有什么价值？创业者所求的应是一生的事业，是心血凝聚的成果，是一辈子的寄托。企业首先要活下来，不依靠任何外力活下来，最好的商业模式不是钱催生出来的，而是企业自主健康地活下来。吸到“风投”不过是水到渠成的事。

12

有种长期且必定成功的商业模式——收割注意力

你的一切价值，都是你的注意力的产出。你把注意力集中在哪里，收获就在哪里。这个世界有个很简单却又能长期获得成功的商业模式：把海量廉价的，甚至免费的注意力集中起来，然后高价卖掉。某种意义上，广告就是这样的商业模式。所以，若再不珍惜，你的注意力就会被他人“收割”。

所有东西都变得越来越丰富，唯一稀缺的是人的注意力。金钱是随注意力走的，你能够吸引公众的注意力，就能赚到钱。比如抖音、今日头条。既然我们的注意力是世界上最珍贵的资源，付出了注意力，就应该拿到回报。比如，看了广告，就应该拿到报酬，不要觉得荒唐，这在未来一定会实现。

13

不符合商业基本逻辑的模式注定失败

人们购买产品要么为了满足需求，要么为了获得快乐，这些都是合理的消费动机。我很难相信还有什么其他的消费动机是合理并持久的。比如说购买产品是为了赚钱，这本来就是一件荒唐的事情，不符合商业基本逻辑。购买产品可以省钱，在满足需求的基础上顺便也可以赚钱，所有人购买产品不是为了需求和快乐，而是为了赚钱……这种严重的本末倒置的商业模式注定失败，甚至可称其为一种变相的庞氏骗局。

14

建立品牌前，先树立规则意识和底线意识

企业在建立自己的品牌之前，最重要的是树立规则意识和底线意识。如果老板和员工做事都不讲究规则，也没有底线，便很难建立信任，并且会浪费大量的人力资源，使企业内耗增加。如果商家和客户之间相互猜忌，缺乏信任，会直接导致交易成本大大增加。国家和社会如果没有规则和底线，便会走向混乱，更不可能迎来发展和富强。古时商鞅立木取信，燕昭王筑黄金台求贤；现代宋庆龄风雨赴约，张瑞敏抡锤求质。古今圣贤，无论做人，还是经商，都将信用放在首位。只有立信，才能成就大事；只有立信，才能成为大商。

15

企业要站在战略高度看品牌，是“一把手工程”

品牌不是随随便便就能形成的，打造品牌需要有战略思维，绝非一朝一夕之功。成功的品牌都是“一把手工程”，企业要站在战略的高度看品牌，优质的品牌都是持续积累、沉淀精华、厚积而薄发的结果。企业要提炼清晰的战略品牌定位，明确要传播的品牌价值观，设定合理的品牌目标愿景，这对于品牌战略的达成有着至关重要的作用。品牌战略确定后，经过长期坚持与动态优化，才有机会造就伟大的品牌。有时，一个企业品牌的优劣与企业当下的盈利并无直接关系，十年乃至更久后企业是死是活、是好是坏、是被狂热拥护还是被抛弃，才是品牌最有力量的价值呈现。

16

品牌应在公司之上，消费者购买的是品牌

品牌就是品牌，公司就是公司，两者并不一样。汰渍品牌上有必要签上公司的名称“宝洁”吗？公司的名字主要用于贸易，而不是用来引导消费者认识它。品牌名称应该是凌驾于公司名称之上的。消费者购买品牌，他们并不购买公司。公司是一个制造或生产品牌的组织，而不是品牌本身。犹如大多数学员选择我的课程是因为我，在这个行业，老师就是品牌，而不是因为厚德企管这个公司。

17

聚焦才会让品牌更强大

凡是品牌所创建的一切，副品牌策略都能将它毁于一旦。品牌代表着一些在你心中的印象或特征或市场细分群体，而打造副品牌会把品牌带到完全相反的方向。

微软拥有世界台式电脑操作系统市场90%的份额，英特尔拥有世界微处理器市场80%的份额，可口可乐拥有世界可乐市场70%的份额，它们都聪明地选择了聚焦。所以，为了垄断一个品种，你必须收缩你的品牌重点。在聚焦后，你的品牌才会更强大。

18

移动互联网时代，首选品牌更占据顾客心智

哈佛大学著名的心理学家乔治·米勒已有科学的结论，就是著名的“七定律”。商业上的任何一个品类，顾客最多只能记住七个品牌。随着信息的大爆炸，杰克·特劳特进一步发现，顾客只能记住每个品类中排名第一、第二的品牌，这就是著名的“二元法则”。在移动互联网时代，竞争进一步加剧，甚至出现“只有第一，没有第二”的残酷局面，这也是并购风潮兴起的根本原因。优酷与土豆合并，携程收购艺龙，滴滴与快的合并，并购潮的根本力量并不是众所周知的投资人的推动，而是顾客心智中“只有第一，没有第二”的规律在推动。

19

营销，关键是让消费者感知到产品之外

营销的关键不在于企业自认为是什么，而在于消费者认为你是什么，企业的通病是刻意强调自己，而忘记捕捉消费者心里需要什么和缺乏什么。如果消费者感知到产品之外的情感因素或其他价值，就愿意多付钱；如果消费者感知的是物理属性、功能属性，消费者就会计较。产品如果不能成为消费者生活方式和价值观的组成部分，企业想长盛不衰很难。

20

营销，是让客户相信的过程

客户愿不愿意掏钱买你的产品，不在于你说得有多好，而是要让他立即相信你所说的效果是真的。换句话讲，客户当下看不到未来产品带来的效果，但是你可以让他百分之百相信，你就离成交不远了。这就是营销的作用，好比一个男人让女人相信了自己具备给她一生幸福的能力和条件，他就获得了成功。

21

中小企业做营销，要会“秀”

中小企业怎么做营销？这是个看上去很简单，事实上却困惑无数企业的问题。小企业做营销有三个起点：一是完善的视觉系统，我们不是大企业，但必须像个大企业，在这个阶段，甚至你像个大企业比你是个大企业还重要；二是走心的文案，我们没有办法通过“烧钱”的方式去博眼球、赚用户，只能通过做“细活”来降低传播的成本，文案越走心，传播成本越低；三是高级的视频，介绍产品和企业不要平铺直叙，一个高级的视频，一个有情怀的桥段，往往能在互联网上引爆，给你带来意想不到的收获。

22

任何需要理解的宣传都是失败的

产品的包装、宣传等一切营销手段都要简单明了。在信息泛滥的今天，消费者已经没有多余的时间、空间来理解和消化你的信息，不要再玩隐晦的文字游戏和高深莫测的意境了，必须第一时间让消费者理解你要表达什么，如果对外宣传的内容还需要解释，你就输了。任何需要思考才能理解的宣传，本质上都是失败的。

23

红海市场看服务，蓝海市场看营销

红海市场看服务，蓝海市场看营销。红海市场三要素——精准定位、营销效率、尖叫服务！若身在红海市场，唯有通过这三要素才能构建起差异化，杀出重围，脱颖而出。蓝海市场两要素——用户体验、销售模式！发力做好用户体验，用心打造销售模式，是在蓝海市场中制胜的法门。产品狂销热卖的关键还是在于产品本身，很多人赚不到钱是假象，真相是他们用一款赚不到钱的产品在赚钱。

24

聚焦产品最大的优势

很多人不知道如何把产品做好，其实做产品和做人一样。做人如何成功？不要总是把焦点放在自己的短处，“短板思维”害死无数人，很多人一生都在弥补自己的短板，所以永远无法把自己“引爆”，你要把焦点放在自己的长处上，找到它然后专注于它，才能“引爆”自己的人生。做产品也是一样，找到产品的最大优势，专注地去放大这一点。不要总是妄图把产品的缺陷和短板全部补齐，不仅消耗自己，还浪费大量的精力。我所提倡的是“长板思维”，要学会经营特长，才能精益求精并且与众不同，才可以打造出不可替代的产品，把市场“引爆”。

25

让你的产品与众不同

老板必须思考清楚，你的产品哪一点比同行更强一点？只有想清楚这个问题，才能做出有竞争力的产品。不要小看这“一点”，“一点”决定全部！产品并不是你随便想个概念就可以让它变得与众不同，更多时候难的不是去创造这个概念，而是厘清这个概念背后的逻辑，以及怎样让这个概念落地。老板都想让自己的产品被市场接受，但究竟怎样做才能让自己的产品在消费者心中留下印象，甚至产生一批忠实客户呢？答案是：产品的独一无二。现在的市场百花齐放，在做产品的时候就要想好自己的产品要靠什么取胜，要做出区别于其他产品的特色商品，要比同行强一点，往往这“一点”就能让你在市场站住脚！

26

少做产品，多做精品

把产品做好的诀窍在于：少做产品，多做精品。一种产品一次做很多或者同时做很多种产品，都会分散精力，削弱对于单个产品的研究，最终导致什么都做不好。消费者的认知也会被削弱，他会被淹没在产品的海洋中，不知所措。不要让消费者自己去做选择，因为大多数消费者都患有“选择综合征”，精明的厂家都应该帮消费者做出选择，甚至让他没有更多的选择。普通人求多，高手求少。

27

提升产品价值的常规和非常规方法

提升产品价值的常规方法：一是唯一性，全球、全国或者区域内唯一，只有我有，别人都没有；二是第一性，区域内排名第一，我可以比别人做得更好或更快；三是稀缺性，在消费者潜意识中，稀缺就等于珍贵，珍贵就等于高价值。把这些元素融入产品，价值立即提升。

提升产品价值的非常规方法：一是创造概念，把这种概念落地，让消费者记住，你的产品在人们心里的印象决定了它的价值，一颗钻石能卖出高价是因为它给人的印象是爱情；二是视觉的冲击，通过形象的改变和升级，从视觉上给消费者带来冲击，比如情人节营销采用铁盒镶钻的包装会让人过目不忘；三是玩转时空角，有的产品在北方不值钱，在南方却可以卖个高价，有的产品在夏天不值钱，在冬天却可以卖出高价，有的产品在平时不值钱，在情人节、中秋节等特殊的时候却价格猛增。个中奥妙，其乐无穷。

28

好产品会说话

好的产品是会说话的，它在那里不言不语，却可以“渗透”给你身边的每一个人，“扩散”到你身边的每一个角落。好的产品要有价值，价值永远是王道，商业的世界里，价值就是产品存在的理由。好的产品要有创意，如出一辙的功能、千篇一律的外形、陈旧落后的概念会让产品变得越发平庸。好的产品要有态度，要做到人和物合一、心和事一体，坚守内心，坚持梦想，忠诚于信仰，用这样的态度去塑造产品，产品才会鲜活生动，才能打动人心。

一个真正的好产品，应该具备以下三要素：一是很多人用（受众广，市场大）；二是会经常用（高频消费，复购率高）；三是不仅经常用，而且必须用（强需求，过硬的功能和极致的体验）。产品是商业最基本也是最重要的元素，手握一款好的产品，就意味着你已经成功了一半。

29

优秀企业有一个共同特质：具有持续开发优秀产品的能力

优秀的企业，一定会有优秀的产品，但不是有优秀产品的企业都是优秀企业。优秀企业有一个共同特质，就是具有持续开发优秀产品的能力。如腾讯，有了QQ，还可以开发出微信；如阿里巴巴，有了淘宝，还可以开发出天猫。这种持续开发优秀产品的能力和企业的资源禀赋关系不大，主要的驱动因素是公司的文化体系和管理体系。没有优秀的文化体系做基础，没有杰出的管理体系去拉动，永远无法打造出真正优秀的公司！

30

用户对产品的忠诚，建立在企业超常规努力经营之上

从某种角度来说，让客户成为企业的中流砥柱是一个伪命题。因为，从来就不存在永远忠诚的客户，客户的爱好是天天在变化的，他们表现出的热忱也是暂时的。苹果如果不能持续创新，推出最佳用户体验的机器，那你还能看到多少“果粉”呢？客户对企业的忠诚是建立在“值得”的基础之上，而这需要企业持续不断地付出，建立一种永恒的企业信用标杆，这种标杆除了极致的产品和服务体验，还有卓越的文化和过硬的品质。客户从来不会忠诚于你，更不会忠诚于你的企业，他们永远只会忠诚于好处，你给他足够大的好处，他才会表现出所谓的忠诚。当然，如果竞争对手创造出更大的好处，客户又会转投别人的怀抱。企业除了要学会创造好处留住客户外，还要设置障碍去限制客户，如果他离开的成本很高，他将无法随心所欲地说走就走。

31

低价只是“搅局者”，
利润可以被挤压，但绝不能消失

有学员问我：“市场上有一家小公司，价格很低，怎么办？”我反问道：“既然这家公司这么厉害，为什么一直是家小公司，而我们却是大公司呢？”低价者在市场上通常只是扮演着“搅局者”的角色，在对抗性竞争中，高价者经常被低价者搅得心烦意乱甚至胆战心惊，但低价者最终总是难敌高价者，甚至在高价者面前一败涂地。因为没有利润的支撑，哪来的售后服务和不断创新？

反过来，企业或者用户想得到更好的服务，就不应在价格上斤斤计较。服务的前提是利润，利润空间可以被挤压，但绝不能消失，否则连同利润一起消失的还有服务。所以不要一味地过度要求，每个人都要生存，失去了生存的空间，服务也就消失了。其实哪个行业都不容易，对别人多些宽容，你不差那些钱的时候就尽量别太计较，给对方一些空间，自己也会舒心很多。

32

不要去做80%的人都看好的生意

我穿上了一件衣服，80%的人都说好看，那我一定会买；我遇上了一个生意机会，80%的人都说可以做，那我绝对不会去做。我深信世界上的“二八定律”，为什么世界上80%的财富集中在20%的人身上？因为20%的人做了别人看不懂的事，而80%的人不会坚持正确的选择。古往今来，所有的成功者必定有区别于常人的不凡思想。成功永远只属于有远见、敢挑战、懂坚持的人！这就是老子所讲的“反者道之动”。

33

别人像“开了挂”，做什么都有收获；你像“中了邪”，拼尽全力都没成果

我所说的“懒于战术，勤于战略”，并不是让大家忽略战术，而是建议大家不要把精力浪费在不重要的事情上，决定一个企业成败的是“正确的决定”，而不是“如何拼命”。一个正确的决定，比“拼命一万次”还重要。战略如果错了，那是难以弥补的错误，是不能被原谅的错误，背后是团队的付出付诸东流。正确的决定不仅可以令企业永远行走在正确的轨道，还可以让团队走得更加轻松，事半功倍，一日千里。

我一直说，企业家要研究的应该是大问题，要把握的是产业与企业的大方向，并在判断与决策上获得大概率的正确。概括起来就是：大问题、大方向、大概率。把焦点放在那些鸡毛蒜皮的小事上，就是做到极致也无法换来大成功，就是成功了，也只能叫作“小老板”。当然，我不是说这些细节就不重要，我在告诉你什么更重要。我们要打开自己的视野，学习站在产业的最高

处、最前沿去思考大问题，去做最有生产力的事情。因为即使在一些细枝末节的事情上做得完美，其价值也是有限的。大问题上的准确无误远远比小问题上的完美精确更为重要。

34

优秀的公司只做重大决策，平庸的公司天天都在决策

那些优秀的公司不会时时做决策，只会在特殊时期做重大的决策；相反，平庸的公司时时都在做决策，管理却漏洞百出。优秀的公司懂得分析和归纳一些具有规律性的问题，然后制定一套规则与政策用来解决这些问题，以及未来可能出现的更多问题。平庸的公司则天天做决策，时时做决策，公司能够维持正常运转完全依靠管理者的才能，而不是公司本身所具备的机制与系统。这样一来，公司的问题不断，管理者随时都在水深火热之中，这样的公司想做大难上加难。

人道

股权
价值观
合伙人
愿景
客户
企业文化
使命

- 人对了，项目就是差一点也能干成；人错了，项目就是再好也干不成。人对了，就是辛苦一点也很开心；人错了，得到的再多心情也不会好。

- 杰克·韦尔奇是一个典型的文化繁殖者。一个优秀的企业家，不仅要带给员工高收入，更要塑造员工的精神世界，让他们精神充实、灵魂高贵。

- 不要以为工作是平淡乏味的，当你满怀感恩之心去工作时，你就很容易成为一个品德高尚的人，一个更有亲和力和影响力的人，一个有着独特个人魅力的人。

1

企业家的首要任务是提升自己企业的价值

企业值多少钱，和每年企业能赚多少钱，是两个概念。企业家应该更加关心的是企业值多少钱，你经营的是企业，员工经营的才是产品。让员工去卖产品，老板去经营企业，如此才能把企业价值最大化。很多企业家一生都在埋头赶路，将自己淹没在当下的琐事和纷繁的市场中，而忽略了企业本身的价值。思维没有打开，永远无法带领企业达到巅峰。

2

提高别人价值的时候，自我价值也会提高

提高自我价值的方法有很多种，其中最有效的方法是通过提高他人的价值来间接实现。你想要让自己被人尊重，首先要尊重他人；你想要事业有成，首先要让他人的价值得到彰显，而不是仅追求个人英雄主义。有的公司从创立之初就将追求利益最大化放在首位，最后却如昙花一现，很快便倒闭破产；有的公司却将产品的质量和优质的服务放在首位，最终发展壮大，成为行业内的佼佼者。值得一提的是，提高自我价值和提高他人价值往往是同时发生的，即当你提高别人价值的时候，你的自我价值也会随之提高。

3

没有得到何谈放下，没有名利何谈淡泊，没有登顶何谈勇退

做老板不能太“佛系”，太“佛系”就会忽略结果，甚至失去前行的动力，这已经偏离了商业属性。马云登顶后急流勇退，这叫境界，全世界都为他鼓掌。你说你也看透了，你也要退了，可是你还没登顶呢。这不叫境界，叫能力不足，或者毅力不够。在没有充分获得之前先不要谈放下，在没有得到名利的时候先不要谈淡泊名利，在没有登顶之前也不要谈急流勇退。说太早了，会贻笑大方。

4

商业体系健康而完善，才能激发劳动者的积极性

劳动可以创造财富，却无法让财富实现数量级的增长，只有健康完善的商业体系，才能将财富进行合理分配，让财富不断增长，并且创造更多的劳动力。在健康而完善的商业体系中，每一个劳动者的积极性都会被激发；而在不够完善的商业体系中，劳动者的积极性则会被削弱，比如不公平的交易、不合理的财富分配等。如果社会的架构缺乏合理性，那么触犯法律、挑战底线和无所事事的人就会增多。勤劳虽然可以创造财富，但制度能让财富实现数量级增长。

5

老板"不择手段"挖进来的合伙人，到底长什么样

股权合伙，既不是单纯的资金合伙，也不是单纯的能力合伙，而是"资金+能力+人品"三位一体的合作。只具其一的最好不合伙，除非是纯财务投资人；具备其中之二的优先选择"人品+X"类型，一定要把人品放在第一位，否则以后就会有大麻烦，选对合伙人比什么都重要；如果三者都具备的，肝脑涂地、不惜一切代价、"不择手段"也要将其挖进来，这种人有可能就是你的贵人。

6

有种生意永远赢不了，就是股东不合

有人问如果股东之间相互不信任怎么办？这种不信任应该分两种情况，第一种是主观上的不信任，只是双方或一方的主观臆测，这样的问题可以通过沟通来解决。第二种情况就严重了，不是主观臆测，而是其中一方已经发生了违背契约或者道德的行为，如接私单、账目混乱、侵吞公款等，这样的行为绝不能姑息，要把问题消灭在萌芽状态。有一种生意是永远赢不了的，就是股东不合，赔钱了互相推卸责任，赚钱了分配不均，若最后的结果一定是不欢而散，甚至反目成仇，又何必继续呢？选择合作伙伴比选择项目更重要。人对了，项目就是差一点也能干成；人错了，项目就是再好也干不成。人对了，就是辛苦一点也很开心；人错了，得到的再多心情也不会好。人是一切的核心，如果发现人不对，应立即终止合作或者换人，因为我要对大家、对结果负责。一旦触及底线和原则，我只能把你送走。当断不断，必受其乱。

7

股东合伙，良好的沟通是成功的一半

股东间产生矛盾，初期多数都是沟通不畅导致的，小到信息不对称产生误会，细到处理问题时没有思考对方的感受。这些都是形式上的不协调，如果上升到内容失真的高度，那就另当别论了。彼此对人品的认同、价值观的一致是合伙的前提，如果连最起码的信任都无法达成，结果一定是不欢而散，再好的事也很难做成，因为没有了“人和”。除了这些以外，其他都是小问题，大股东应该敞开心扉、拿出诚意去与小股东沟通，对事不对人，通过有效的沟通来化解危机、解决问题。

8

体现公司股权价值的三个必备要素

股权价值得到体现有三大必备要素，脱离了这三个要素，你的股权价值便无从体现。第一，财务管理清晰，让企业价值建立在数据自信的基础上。第二，未来前景规划，让企业价值着眼于未来。第三，执行团队展示，企业未来价值清晰可期的立足之本。为什么你的企业不值钱？因为你的企业没有清晰的数据证明你现有的成绩，没有详细的未来规划说明这是一个有想法的企业，找不出优秀的人来证明这个企业过去行、现在行、未来也行！

9

股权激励就像结婚，掏了钱才会更珍惜

有学员问我，为什么做股权激励时一定要让员工掏钱买股效果才好，送股给他就效果不好呢？原因很简单，假设一个女人同一个男人结婚，这个男人不买戒指、项链，也不办酒席，一点钱都不花，一点力也不出，他未来又能为这个家庭付出多少？从某种意义上来说，一个人对人、对事的用心程度与他在此人、此事上的付出多少是成正比的。所以白送的股权激励效果有限，而付出越多未来就越卖力。钱所在，心就在，人性使然。

10

功臣不赏，能臣怎安

股权激励时，老板常犯喜新厌旧的错误。对新挖来的高管大力激励，而对原有高管得过且过。他们认为既然是挖人家当然要许以厚赏，而老高管未来为企业创造的价值将难再突破，所以厚此薄彼似乎是理所应当的。殊不知这种激励方式固然激励了新官，但也很容易激怒老臣。老臣很容易在内心对老板形成负面心态，甚至在公司内部激起新旧派系斗争，最后损失最大的当然是老板自己。此外不要以为重点激励了新官，他们就一定会感恩戴德，相反只会让新官对自己的未来产生强烈的不安全感而加大对老板的各种“算计”，因为对于任何人而言，从新人变旧人都是必然。所以老板们在股权激励时一定要遵循“喜新不厌旧”的原则。对于两类老臣一定要保证激励力度：一类是在你一无所有时就跟着你的人；另一类是在你一败涂地时还跟着你的人。

正所谓：功臣不赏，能臣怎安？

11

能被模仿的是产品和服务，无法被抄袭的是企业文化

在中国，好的模式、服务甚至是热销的产品，都容易被同行模仿或者复制。这些模仿者懒于调研市场，总是坐享其成，一旦有好产品问世，他们“犀利”的眼光总是能及时发现，并迅速效仿。一个想做大、做强的企业无时无刻不在想着应对竞争对手的抄袭，以确保自身利益。而以服务好著称的海底捞，却难以被复制。难以复制的核心就在于海底捞的企业文化。一个企业能被模仿的是产品和服务，无法被抄袭的是企业文化。文化是一个企业的魂。它的目的是以文化的手段，满足员工精神方面的需要，以提高企业的向心力和凝聚力，激发员工的积极性和创造精神，提高企业经济效益。

12

你以为愿景、价值观只是口号

优秀的团队最起码应该拥有两种共同的特质：一是共同愿景，二是共同的价值观。愿景就是我们努力的方向，价值观就是我们做事的准则。

如果一个团队没有共同的愿景和价值观，就不能被称为团队。当团队缺乏士气时，战斗力也会随之下降，而鼓舞士气最好的武器就是胜利。只有持续不断的胜利才能让团队士气高涨。

当团队遭遇失败后，士气也会受到影响，因此团队负责人应当尽力减少失败的出现，在遭遇失败后要尽快重整旗鼓，通过胜利来增强团队的士气。

13

优秀企业家都是典型的文化繁殖者

掌管通用电气20年的杰克·韦尔奇，号称全球第一CEO（首席执行官），任内企业市值增加了37倍，他的主要工作只有两个，一是以过人的远见预见未来的产业发展，二是奔赴各地，向通用电气的员工解释他的远见，让他们接受变革。他是一个典型的文化繁殖者。一个优秀的企业家，不仅要带给员工高收入，更要塑造员工的精神世界，让他们精神充实、灵魂高贵。每个成功的企业家都是典型的文化繁殖者，我们要耕耘的不仅是商业文明，更要去播种精神文明，这就是我说的文化繁殖。

14

对企业文化的理解是企业家境界高低的分水岭

对企业文化的理解和态度，是企业家境界高低的一道标志性的分水岭。历史上靠市场机会或艰苦奋斗取得了商业成功的企业，在走向未来的过程中，迟早都要面临“文化”问题。就是对待这些文化命题的不同态度和不同处理，在更深层次的意义上决定了一家企业是否能继续走下去，究竟能走多远。

15

建立企业文化需要“养势”的过程

如果企业能够建立起属于自己的企业文化，那么管理将进入更高的层次。但企业文化的建立过程是漫长而艰辛的，需要长年累月的坚持，需要将每一件小事做好，需要日积月累地“养”。《周易内传》中说水“曲折萦回，养其势以合小为大，育也”。古人也很重视“养”的概念。虽然涓涓细流不足以彰显力量与气势，但滴水穿石的坚韧和百川入海的雄伟，仍旧让我们惊叹。涓细之流不断汇集的过程，就是“养势”的过程，而“势”一旦养成，则川流不息，源远流长。企业文化也是如此，一旦养成，便能高效管理，并且轻松解决绝大多数管理问题。

16

管理者践行企业文化就是言教、身教和境教

践行企业文化就是言教、身教和境教。每一个层级的管理者，他们的言谈举止都应该以企业文化价值理念为指引，随时随地宣传企业文化，如阿里巴巴，马云在内部各种场合的讲话，都在宣传渗透公司的“六脉神剑”，他一直用个人价值观在引导企业文化。企业高管的身教对员工的影响更大，比如要求员工敬业，没有比领导干部与员工在一起奋战在前线更有影响力了。而在年度大会、周年庆典进行的文化活动就是境教，它的影响力更为久远深刻，甚至载入史册。

17

只有建立起上下同欲的文化才能将管理做到极致

企业的制度和文化紧密相连，光有制度没有文化，要么管理无力，要么“崩盘”。这个时候我们就需要导入文化系统，文化是制度执行的根基，更是企业之魂，它可以抢占员工心智，驱动员工行为，企业只有建立起上下同欲的文化才能将管理做到极致。

18

企业文化就是每位员工的行为都有公司“标签”

企业文化的最终体现就是员工的思维方式、处世作风、工作习惯和日常行为，企业文化落地成功的标志是每个企业成员的日常行为习惯都有公司特有的“标签”，无论对内对外，员工都能自觉地将公司的文化理念转化为统一的行为，而作为企业的经营管理者，尤其是企业文化的发起人和传承者，更需要在日常工作中言传身教、身先士卒，做好榜样和标杆，将企业文化理念一一转化为行动。同时，公司要根据文化理念的内容，结合每位管理者、基层员工的工作职责与内容，提炼出具体的文化行为要求以及不同层级的标准，让员工在实践中有章可循。

19

五种职场人会在未来过得不顺利

竞争日益激烈，环境越来越复杂，未来三年，下面这几种人一定会被社会淘汰。第一，仍然醉生梦死，工作之外不学习的人。第二，对新事物反应迟钝，心态保守不接受新鲜思想的人。第三，仍然靠个人能力单打独斗，不愿与人合作或者过度自以为是的人。第四，玻璃心，心理脆弱，容易受伤害的人。第五，目光短浅，没有格局，只计较眼前利益的人。时代再发展，自己不进步，就注定会被时代遗忘。

20

在工作中享受重复做事的乐趣

这个世界上所有的职业都是在重复，不要奢望一份工作可以时刻给你带来新鲜感。复杂的事情简单做，你就是专家；简单的事情重复做，你就是行家；重复的事情用心做，你就是赢家。美好是属于自信者的，机会是属于开拓者的，奇迹是属于执着者的！你若不想做，总会找到借口；你若想做好，总会找到方法！

21

受人恩惠不是美德，报恩才是

满怀感恩去工作，并不仅仅有利于公司和老板，还能带来更多值得感恩的事情，这是宇宙中永恒不变的法则。受人恩惠不是美德，报恩才是。当人拥有感恩之心的时候，美德就产生了。当你满怀感恩之心去工作时，你就很容易成为一个品德高尚的人，一个更有亲和力和影响力的人，一个有着独特个人魅力的人。你要相信：感恩将为你开启一扇神奇的力量之门，发掘出你无穷的潜力，迎接你的也将是更多、更好的机会。

22

企业要打造两条生产线：产品线和人才线

企业要打造两条生产线：产品线和人才线。产品线决定这个企业能干多久，人才线决定这个企业能干多深。产品等于价值，价值决定企业生命力，产品做不好，企业不可能做久，一切繁荣都是假象，经不起市场和时间的检验。人才是核心竞争力，产品是基础，事在人为，事能干到几分，完全取决于背后的人！这两条生产线，是一个企业能够立足的根本。

23

如何找到核心用户

如何寻找核心用户？核心二字说明其体量是比较小的，所以要寻找核心用户，首先就要细分用户。每个用户的需求和喜好都有所不同。年轻人喜欢吃西餐、听流行音乐，而年长者更喜欢吃中餐、听戏曲。所以，要根据产品服务的人群对用户进行分类，才能选出最有价值的用户群。而当你的产品或服务标定的人群越准确，就越容易用最小的资源实现最大化的利润。当把能量都聚集在一个点上，就能发挥强大的作用力。

24

生意以“人”为中心，深挖多元化和深层次需求

这个时代的生意不再是以“货”为中心，而是以“人”为中心。裂变思维的二次元裂变和三次元裂变，都是以“人”为中心的，一方面深挖客户的多元化需求，另一方面深挖客户的深层次需求，在不增加人力、场地、设备和任何成本的情况下原地转型，实现一年三倍速增长！这就是裂变的力量！

25

做生意是把陌生客户找来，想办法让他满意

什么叫生意？“生”就是陌生，“意”就是满意。所以想把生意做好，要解决两个核心问题。一是如何开发陌生客户，这就是我说的获得流量。在未来，最稀缺的资源就是客户资源，企业最大的成本就是流量获取成本。二是如何把陌生的客户服务到满意，也就是把客户体验做到极致，不要再停留在满足客户的基本需求上，那已经是上个时代的事情了。两者若都能实现，生意自然兴隆。

26

如何让客户记住你

如果想让客户记住你，你必须要做到如下几点：一是简单，不要强调自己的很多优势、不要强调自己的很多卖点、不要强调自己的很多功能，一个元素、一个重点、一个功能足矣，我们的大脑只能记住简单的东西。二是专业，聚焦你的产品、聚焦你的业务、聚焦你的服务，越聚焦，客户就会认为你越专业，越专业，越能让他记住。三是第一，告诉客户你在哪个领域是第一，如果没有，就想办法去创造，如果没法创造，就告诉客户你未来会成为第一，总之，第一会让他印象深刻。

27

选择用户，让喜欢你的人迷上你，让讨厌你的人远离你

产品要做好，首先，产品定位要精准，一定要精准地选择客户群体。其次，围绕这部分客户，深度开发产品的核心功能，找到自己的绝对优势。最后，要敢于对标行业第一的产品，不要总是给自己找借口，钱太少、人不行、技术弱，那绝不是你做不好产品的理由。企业在初期时，可以降低一些标准，唯独不可以降低产品的标准。

一个人的成功，不取决于开始时你有多好的条件，而取决于你找到一个适合自己的定位，并且持之以恒；一个产品的成功，不取决于所有的客户都喜欢你，而取决于找到精准的客户，根据自身优势和用户需求调整自己。产品应该像榴梿，让喜欢你的人迷上你，让讨厌你的人远离你。

28

如何增加客户复购率

没有复购率不是客户的问题，而是产品设计有问题。老板要懂得设计产品，尤其是设计让客户持续主动购买的产品，通过产品设计，来增加客户的复购率。这个问题没有解决，就是服务再好，客户也不会复购。客户只会因为你的产品真的能够持续满足他的需求而产生持续的购买行为，而不仅仅是因为你的服务好。

29

服务就是最好的成交

说说这几天遇到的一些事。一家理发店，价目表上三到四个价格，我选了最便宜的，结果接下来遭遇服务的冷暴力，服务态度很差，剪完头发我悻悻离开。在推拿馆午休，三十分钟未到，同事突然因事离开，在包间听到下钟的技师和老板娘争执，技师说按照一个小时计算，老板娘坚持按照半个小时计算，因为店里规定是未满三十五分钟只能算半个小时，我在结账的时候果断办了一张最贵的卡。两件事情，不同结果。一家店我再也不会去，因为他们连最基础的服务都做不好；另一家店我只要有时间就会去，因为他们让我放心。服务好客户并不难，只要你懂得发自肺腑为客户考虑。

30

你是不是认为“把品质做到极致”是对的

互联网所带来的巨大冲击，让人们盲从于某些商业信息，并将互联网带来的变化绝对化和神圣化了。其实许多商业常识与互联网关系并不大，比如“找到痛点”“快鱼法则”“客户体验第一”等。此外，还有一些错误的提法，比如“产品做到极致”“客户体验极致”，其中“极致”就是错误的提法，因为商业经济并不会提极致，而只会提利益和成本的平衡点。无论什么产品，无论什么样的客户体验，提高都是需要成本的。如果想把品质做到极致，就必须将成本提升到极致，这是损害客户利益的做法。所以，更适合当代商业经济社会的提法是“做到利益与成本的平衡”，这样才会双赢，而不是盲目地追求极致。

31

距离你的顾客近一点，再近一点，再近一点

不要想着一上来就把公司做大，要先想着把一件事情做精，先把公司做成“有人排队的小餐馆”。越是小公司，越容易听到顾客的声音。当你是小公司的时候，可以用一个店铺微信号，把店铺累计购买次数或者购买金额前100位的顾客加成微信好友，然后让运营人员同这些顾客交朋友，基于他们的需求来打磨产品。一个大公司最大的危险就是，你离客户越来越远了，远到甚至听不到客户的声音。用乔布斯的话说：当一个公司的营销人打败产品人，那么公司就会走下坡路；而当产品人打败营销人，那么这个公司未来一定会走上坡路。

32

创造超出客户预期的价值体验

商业的本质就是对等交换，必须要让产品和服务的价格等于产品本身的价值，才能获得可持续发展，否则产品将被淘汰。当产品和服务的价格略低于价值时，就能吸引更多的客户，也让老客户更依赖于产品。在竞争日益激烈的现代商业社会，简单的对等交换模式已经无法脱颖而出，只有给客户提供超出预期的产品和服务，才能在竞争中胜出。客户往往具有敏锐的洞察力，所以要脚踏实地地做好产品，全心全意地提供服务，只有这样，才能达成长期的商业合作关系。

33

客户多的企业才是真正的大企业

老板总是喜欢将目光放在企业的规模上面，认为企业的规模越庞大，越值得信赖，但未来“小而美”的企业会逐步成为主流。规模小的企业想要获得生存和发展的空间，就必须在效率上胜过大企业，否定就会面临被淘汰的风险。现代企业的竞争，只有一个数值可以用来评判企业的规模，不是面积，也不是产能，而是客户，客户多的企业，才是真正的大企业。正确的经营思维应是“重效率，轻规模”。

小企业只有提高服务质量、加快办事效率、降低市场价格，并且在包装上和使用上更加人性化，才能与大企业竞争，才能获得一席之地。

第三部分

取势

——先人一步的决断智慧

预见

产业结构

转型

互联网

升级

交互

平台

数据

- 互联网搭建起的协作网络会越来越完善，一个新的商业秩序正在形成，供给侧和需求侧可以随时随地精准连接，物流也可以保证及时送达。所有的中间环节都没有了，赚差价的逻辑自然也就不存在了。
- 今后一流的企业做的是服务，根据不同的消费群体量身定制个性化的服务，从而满足消费者的各种需求。
- 未来的每一件产品，在生产之前就已知道它的客户是谁，个性化时代已经到来，定制消费将成为主流。
- 从前，你的短板限制你的水平；今后，你的长处决定你的高度。

1

产业结构中的降维打击，胜券在握

我国的产业结构可以划分为三个维度：第一个维度是传统产业；第二个维度是互联网产业；第三个维度是智能科技产业。目前，第一个维度的传统产业正在重建，实体经济正在重组；第二个维度的互联网产业已经划分完毕，BAT（百度、阿里巴巴、腾讯）加上后起之秀京东和拼多多全面占领市场；第三个维度的智能科技产业正处于蓬勃发展之中，空间无限。如果高维度产业向低维度产业发起挑战，其降维打击的结果是毫无悬念的必胜。比如实体店无法招架网店的冲击，而未来智能领域的洪流必定会席卷互联网产业。

2

“经商”一词需要再定义

生意将越来越难做，很多环节甚至无生意可做。以前之所以有生意可做，是因为信息的不对称使社会的供给和需求产生了错位。而互联网搭建起的协作网络会越来越完善，一个新的商业秩序正在形成，供给侧和需求侧可以随时随地精准连接，物流也可以保证及时送达。所有的中间环节都没有了，赚差价的逻辑自然也就不存在了。这个时代，“经商”一词需要再定义，早些年的那一套思维也彻底落伍了。

3

社会的基本结构变成了“平台+个人”

在我国，自由职业者正如雨后春笋一般兴起，商业社会的基本结构也变成了“平台+个人”，而不再是传统的“公司+员工”。在这样的商业背景之下，人人都有突破传统桎梏、最终脱颖而出的机会，竞争的关键点就在于你是否实现了自我解放，是否发挥了自身的潜能与优势。未来没有公司，只有创业平台；未来没有员工，只有创业伙伴；未来没有老板，只有创业导师！小组织、自运营、低成本、高回报，这是人心所向，更是大势所趋！

4

中国经济背后的欢喜与忧虑

庞大的资金和信贷不投资实体经济，一会儿跑到股市，一会儿跑到楼市，一会儿又跑到文化古董市场炒来炒去，是今天经济面临的极大风险之一。实体经济是一个国家的血肉，发展需要钱，可是融资成本居高不下，大量的钱涌向泡沫横生的股市和楼市。房子涨价了很多人都很开心，但是这样的现象真的值得我们开心吗？在资本的泡沫里肆意狂欢，投资者变成投机者，甚至全民开始投机，这个国家未来的路又在何方？

5

拥有匠心、敢于创新的实业家才是中国经济的真正脊梁

金融市场的发展应该与时代挂钩，并且以实体经济为基础，否则将变成空中楼阁。美国历史上的经济大萧条时代已经给我们上了一课，繁荣过后所带来的萧条要远远大于繁荣所带来的发展。如果一个国家只发展金融业，而不发展实体经济，不发展制造业，必然会迎来萧条和没落，这就像一个游手好闲的人只想通过赌博来发家致富一样。我对中国实体经济的未来非常看好，因为它是固国之本，浮躁过后必将回归理性，那些真正拥有匠心和敢于创新的实业家会成为中国经济真正的脊梁。

6

自动化生产，更要解决“质”的问题

我们追求的机械化、自动化生产，不仅要把产能提高，还要把产品做得更精细、更先进。如果机械化只是解决“量”的问题，没有解决“质”的问题，那它本身就没有太大的意义。因为当你开始机械化生产，产能翻十倍的时候，你的竞争对手也只有这一条路，当所有的企业都开始机械化的时候，产能会放大十倍，但是需求没有增长，所以最终的结果就是利润跟过去一模一样，甚至还不如过去了。

7

曾让你获利的产品或行业，将变成对手的免费增值服务

百度整合了大数据和广告，让所有的广告商都黯然失色；淘宝整合了商家和快递，让所有超市都望洋兴叹。2017年方便面的销量比2015年同期减少了13亿桶，原因是外卖越来越方便了。就像原诺基亚CEO约玛·奥利拉含着泪说：我们很努力，我们没有做错什么，但是我们输了。一开始大家觉得是外行干掉内行，最后才发现是时代趋势干掉了系统规模！拥抱改变淘汰了顽固守旧！整合资源击败了单打独斗！你要知道，不是钱难赚了，而是赚钱的方式变了。在这个时代，一切的因循守旧和故步自封都注定会将企业带向灭亡！

8

生意越来越难做的背后是市场要求越来越高

从表面上来看，现在的生意越来越难做了，可透过现象去看本质，是行业越来越专业化、产品越来越精良、服务越来越周到了。这是竞争带来的共同进步，看似在洗牌，实则在“洗人”。竞争中将被淘汰的是那些没有诚信、好高骛远、没有务实精神的；而留下的是那些坚持品质、脚踏实地、有真才实干的。所以，金融危机并不可怕，可怕的是道德与信任的危机。靠发布会驱动的企业，靠会计技巧盈利的公司，走不远。因为这个世界上总有“傻瓜”不够用的那天。

9

留下用户现在的数据，准备未来的各种交互

未来商业的制胜法宝是什么？答案是用户的数据，未来的生意将有可能变成纯粹的数据生意。如果我们只是单纯地卖东西给客户，而没有获得用户的数据，更没有和用户建立起更深的连接，那么这仅仅是商品交易。只有获得用户的数据，并且与用户建立关系，这才具有商业价值。未来商业最看重的就是用户数据，以及和用户建立的各种交互。

10

决定你薪酬的将会是你与人工智能的合作结果

人工智能的崛起，将导致大量的人失业。大批蓝领和白领将被机器人取代。也就是说：自由市场+人工智能=更多人死于舒适区。这些人是谁？从事机械的、低智的、重复性的、固定套路的工作的人。这个时代，每一个人都无法置身事外。你只有迎上去，和它拥抱，握手，深度学习，熟练使用人工智能，占得技术进步、生产方式变革的红利，才能不被淘汰，并从中分得一杯羹。

在未来，对效率要求不高的工作将更适合人类，比如要求创造力的工作，因为创造本身就是不讲究高效、不考虑准确性的，这是人类适合去做的工作。任何重复性的事情，都可以让机器完成。所以阿尔法狗和人比赛，是不公平的比赛，因为AI（人工智能）吸收了过去所有的经验。在任何领域，站上顶峰都应依靠“人+机器”。与人工智能的合作表现决定了你的薪酬，你必须要同机器进行合作，而不是和它们对抗。

11

未来每个人都能更加简单地创业，经营个人品牌

未来每个人都能更加简单地创业，每个人都能拥有自己的产品，甚至每个人都有机会成立一个独立的品牌。如何实现呢？创意—表达—展示—订单—生产—客户。你可以先表达想法，然后选择一个平台进行展示，通过平台交互，吸引喜欢的人去下单，你拿到订单后可以找工厂生产，不用担心量太少，今后的生产一定会精细化和定制化，然后你再通过物流把货送到消费者手里。

原来中国商业的基本细胞是“企业”，社会上的需求和供给往往都是由企业对企业所完成，而今后中国商业的基本细胞是“个人”。这就是我们说的，个人品牌时代已经到来，供需双方很多都在个人化，中国的社会结构将越来越精密和细致。也只有在这个时代，每个人都有了成立品牌的机会。可以做一个这样的比喻：如果中国经济是一场血液循环运动，那么今后它的毛细血管会更加丰富，输送和供氧能力会更加强大。

12

“小而美”的企业是未来商业的主旋律

以前的企业追求横向发展，越做越大，涉及面越来越宽，因此企业越做越容易展开同质化竞争。今后的企业将追求纵向发展，越做越精、越挖越深，这种变化使行业越来越垂直、协作越来越完善、领域越来越细分、结构越来越周密，企业与企业之间、行业与行业之间的独立性越来越强，差异化共存将成为商业的主流。“大而全”的企业将日益减少，“小而美”的企业才是未来商业的主旋律。

13

以前一流的企业做标准，今后一流的企业做服务

在大工业时代，一流企业做的是标准，力求让所有的产品都具有标准模式，最好能够成为标准的制定者，以后便能坐享其成。随着时代的发展，今后一流企业做的是服务，根据不同的消费群体量身定制个性化的服务，从而满足消费者的各种需求。这种改变对今后的一流企业提出两点严峻的考验：一是提供定制化服务的能力（科技）；二是对接消费者的能力（互联网）。

14

垄断企业不是全面独霸，而是共享未来

纵观世界级企业的商业模式，会发现一个共同的特征，那就是商业垄断。为什么微软、阿里巴巴、分众、腾讯能够经久不衰？就是因为它们在自己的领域内实现了商业垄断。为什么资本押注滴滴？就是因为看到了未来的垄断势头。大量的世界级企业都实现了某领域的商业垄断，获得了真正的定价权，并且建立了强大的商业体系。但这样的商业垄断有一个很明显的良性特质：并非全面独霸，而是共享未来！共享，是未来商业环境的主旋律。

15

二线白酒品牌逆袭的路径

在整个酒水行业下滑的背景下，二线的白酒品牌应该采用以渠道拦截对抗品牌的模式，在营销中把渠道放到第一位，把品牌放到第二位；在经营中把模式放到第一位，把营销放到第二位。例如，多个品牌所采用的“盘中盘模式”，即采取从高端渗透的推广次序，以“小盘（高档酒店）”带动“中盘（中档酒店）”。从白酒消费者的意见领袖入手，用其带动作用影响白酒消费的潮流，最终影响“大盘（酒店、超市等零售渠道）”，最终逐步完成自己的品牌推广路径。

16

预见孕婴童行业的未来

跨界“打劫”是行业颠覆的表面现象，商业模式创新是行业颠覆的根本原因，孕婴童行业未来有以下三大特征。第一，以股权为纽带的小股东间大平台的形成。第二，以O2O（线上到线下）为纽带的线下单店与多店之间的疯狂整合，大数据平台摇起利润重新分配的大旗。第三，以产品营销为核心的思维将发生根本性的逆转，以服务为核心的会员体系将“奇袭”本行业。曾经以为门槛低、行业简单的孕婴童经营者们和经营模式依然守旧的老板们未来二至三年将面临两大结局：关门倒闭或被跨界兼并！

17

健康行业经营状况不佳的原因

最近频繁遇到做健康管理、健康咨询的从业者，他们的企业经营状况均不佳，主要原因如下：一是国人观念仍然落后，健康管理和咨询概念在国内火爆，但消费者尚未将这种概念转化为消费意识；二是由于概念火爆带来的信息泛滥，从业者每年呈几何基数倍增，竞争激烈、过度宣传对消费者造成了伤害，带来了信任危机；三是自身定位不清，企业不知道谁是客户，也没有精准的产品功能定位，不能将概念性产品落地，因为焦点分散模糊，所以没有力量；四是盈利模式单一，没有多元化和差异化的盈利模式；五是自身不够坚定，缺乏对于事业和梦想的执着，这是一个符合潮流和趋势的行业，但是需要孕育合适的时机。大多数企业不是被市场淘汰，而是在逆境中自己淘汰了自己。

18

未来，经销商将变成服务商

当信息和物流的问题逐渐被解决后，商业的效率变得越来越高，在传统的流通过程中，传统经销商的处境变得越来越尴尬，生存的空间越来越小。未来所有的经销商都将变成服务商，他们不再依靠帮厂家售卖产品挣钱，而是依靠自己向消费者提供的后续增值服务赚钱，这有利于发挥他们的创造性和主动性，也有利于产品的售后。当然，不能适应这种变化的从业者将会被淘汰。这是新的商业环境中传统经销商的唯一活法。

19

你的短板曾限制你的水平，你的长处将决定你的高度

以前我们的工作是被动的，为谋求生存发展，在固定的公司、固定的时间和地点重复做固定的工作。而在未来，我们的工作将由被动变为主动，未来人们的财富是这样创造出来的——根据自身的优势和特长，点对点地进行对接服务，并将服务渗透到社会的每个环节，满足各类型的产业需求，实现主动性创造。以前我们每个人都被木桶原理所束缚，你的短板限制了你的综合水平，所以我们总在弥补自己的短板。而随着协作效率的提高，今后你的长处决定了你的高度，我们不用再盯着自己的短板，你只需要将自己擅长的方面发挥到极致，就会有其他人同你协作，这叫“长板原理”。

20

你看不懂不代表不存在，你做不到不代表别人做不到

马云在香港做演讲时曾经说过："经济学家是根据以往经验研究过去的，而企业家是研究未来的。"马云用一句话，一个问题，讲明了当代商业的发展真谛。世界上很多东西不是研究出来的，往往等不到你明白，财富就进入了下一个阶段。你看不懂不代表不存在，你做不到不代表别人做不到。因此，当商业浪潮席卷而来时，你必须看准时机，马上去做。如果只是观望，只是看别人做，到最后你也只能从见证者的角度去感叹这个世界上的变化。这个世界上的新鲜事物永远只为10%的人准备，因为成功的永远是这10%的人，永远是10%的人负责创造，90%的人负责消费。

借势

创投
风口
互联网
金融
创新
从0到1
共享经济

- 用好自己的资本，善用别人的资本；用活今天的资本，巧用明天的资本。

- 关注风口和风口借势本没有错，但这绝非决胜关键，更不能因此本末倒置，忽略了创业的基本功。作为一头“创业猪”，起飞可以靠风口，持续的飞翔还是要靠“翅膀”的。

- 不要总是埋头赶路，更不要总是闭门造车，时代更迭，风云变幻，如果别人有资源、有资金、有资质、有平台，你何必还要舍近求远？若能搭上别人的顺风车，不仅自己少走弯路并节约时间，还能为别人创造额外的价值，两全其美，何乐而不为？

1

用好自己的资本，善用别人的资本；用活今天的资本，巧用明天的资本

著名经济学家于光远说：人有三种，一是天才，二是人才，三是蠢材。花大钱办小事是蠢材；花小钱办大事是人才；不花钱办大事是天才。很多成功的商人都是在“零资产”“零资源”的情况下发展起来的，如温商，“用好自己的资本，善用别人的资本；用活今天的资本，巧用明天的资本”，他们把这句话演绎得淋漓尽致。很多温商甚至是在“负”资本中发展起来的，他们少花钱多办事，不花钱也办事，花别人的钱办自己的事，实现了从贫穷到富裕的两极跨越，创造了无中生有的创富神话。如《塔木德》中所说：没有能力买鞋子时，可以借别人的，这样比赤脚走得快。

2

不做一边选择一边徘徊的创业者

对抗自己的选择就是在消耗自己的能量，接纳自己的选择方能让心解脱。创业者要接纳行业、接纳时代。彻底的接纳，才能让自己放下顾虑，集中精力，一路向前。只有全身心地接纳自己的选择，才能让能量自由流淌。心理上的犹疑会扰得自己心烦意乱，没有定力自然没有耐力，结果往往也会大打折扣。心定，天下定！

3

分享经济是释放闲置资源，共享经济是提高资产使用效率

分享经济和共享经济不应该被混为一谈。分享经济是我多一套房、我多一辆车，与其闲着，不如拿来给别人用，这叫分享。分享的核心是我有闲置资源，通过互联网把闲置资源释放了。共享经济不一样，它是指共享经济的平台方重新投入一个资源，比如马路上这么多单车不是谁闲置了而拿来分享的，而是由平台方统一投放的，是一个新的资源投入。新的资源投入，互联网解决了什么呢？互联网提高了资产或者资源的使用效率。分享经济是释放闲置资源，共享经济是提高资产使用效率，完全不一样。

4

风口过去了，猪能怎样飞

看到无数文章和各种专家使劲地鼓吹风口，引导一个个单纯的创业者成为“创业猪”。一头猪如果找到了风口，有可能真的可以飞起来，但是风不可能一直吹，所以才有过去几年一阵阵“妖风”过后的一片狼藉。关注风口和风口借势本没有错，但这绝非决胜关键，更不能因此本末倒置，忽略了创业的基本功。作为一头“创业猪”，找到了风口并不是最重要的，最重要的是如何在风停下来之后还能继续飞翔。起飞可以靠风口，持续地飞翔还是要靠“翅膀”的。

5

跨国企业偏好技术和人才的创新，中国企业偏好成本和规模

拼价格的行为是一种短视行为，对市场是一种伤害。早些年，这种价值取向让我国企业得到了快速的发展，绝对的成本优势让中国制造风靡世界。但是现在，这种模式逐渐被淘汰，特别是在海外市场，如果我国的企业还是沿用中国市场的思维方式，只是围绕着价格展开，而不是围绕着顾客价值展开，其结果不言而喻。长期观察我国企业的发展和发达国家跨国企业的发展，还是让我感受到一些很特别的不同：跨国企业对于技术和人才有着独特的偏好，在持续创新、发掘人的创造能力上不遗余力；我国企业对于成本和规模有着独特的偏好，在不断降低成本、扩大规模上竭尽全力。前者的努力会让顾客直接感受到，而后者的努力仅仅是企业自身的需要。

6

商业爆发规律：寂寞时间越长，爆发时就越猛烈

与前智联招聘总裁、Boss直聘CEO赵鹏交流期间，赵总分享道“寂寞的时间越长，爆发时就越猛烈”，他认为这是他这几年最大的感受。

2014年7月13日Boss直聘上线，历经8个月日用户才突破1000人，而在互联网领域一天增加1000个用户实在是微乎其微，这期间的寂寞和孤独是很多人难以承受的，但是正是由于能够忍受这样的煎熬，能够静下心来打磨产品，才有了Boss直聘在行业里现在的地位，才有了C轮融资2800万美元的结果。创业就是爬山，不流血、流汗，不脚踏实地，就永远无法看到山顶的风景。

为什么短短几年Boss直聘可以异军突起？自嘲五旬老人的赵鹏，过去生命的一半时间都在从事与招聘相关的工作，将招聘的来龙去脉、前世今生研究得入木三分。也只有这样，他才能直接找出问题、抓住本质、直

击核心，开发出Boss直聘这样深入人心的好产品。“找工作，直接跟老板谈”，这句话看似简单，却是一个招聘人用20年经验浓缩出来的精髓。一个创业者对于这个行业的认知深度，决定了他能把这件事做到什么高度。

所有心血来潮的浅薄式创业终将以失败甚至惨败而告终。冰冻三尺，绝非一日之寒。

7

创业者的初心是帮客户解决问题

创业者先要搞清楚自己做这件事的初心，这就是我所说的使命。当你意识到你所做之事不是为了卖产品，而是帮客户解决问题，很多困扰就会烟消云散。比如，当瑜伽初学者来买瑜伽垫，为了帮他解决问题，你发现一个瑜伽垫是远远不够的，还要用到瑜伽砖、瑜伽球，那么接下来你就会围绕顾客需求布局产品，以产品的一个点来带动一条需求线。厚德企管初创时，我们只想着卖课程，心中只有销售额，那个时候业绩增长很艰难；而当我们意识到教育的神圣，开始改变自己的动机时，销售反而简单了。我告诉所有的伙伴，我们不是要卖给客户课程，我们是要帮助他成长，发自肺腑地为客户好，你就会无所不能。请你相信，没有人会拒绝你真心实意的帮助。

企业之所以会存在，就是为了要向客户提供满意的商品和服务，而不是为了给员工和管理者提供工作机会，甚至也不是为了给股东赚取利益和发放股息。在经营过程中，经营者必须将客户排在第一位。企业的宗旨必须是存在于企业自身之外而存在于社会之中的。企业的宗旨只有一种适当的定义：创造客户。企业是创造客户而不是创造利润。这件事情没有做好，你所设想的一切都会变成海市蜃楼。

8

企业盲目跟风，丧失核心竞争力

最近的两个风口，一个是资本，另一个是互联网，很多老板不能正确解读，更谈不上合理运用。金融市场的蓬勃发展反而对实业产生了很多的误导，使企业家在资本游戏中逐渐迷失，只想竭泽而渔，早忘初心，在热追各种风口中逐步削弱自身真正的竞争力。互联网来的时候追互联网，资本运作来的时候搞资本运作，把手段当结果，追涨杀跌之后什么都没留下。或许市场化就是这样被扭曲的。

9

互联网实现了无数供应商和消费者的自我对接

因互联网的发展而不断被冲击的传统商业。过去受限于市场规模不能成立特色小生意，现在可以利用互联网找到精准客户；过去受限于信息障碍不能满足个性化需求，现在也可以利用互联网找到生产者。互联网变革的基本逻辑是：它可以精确、高效地将社会中的每一种需求对接到相应的服务者。于是工业时代那种将人们需求“整体切割”再去分类满足的方式被抛弃了，实现了多个服务个体分头对接多种个性化需求，“面对面”的连接变成“点对点”的连接，社会上无数的供应商和无数个消费者通过平台完成自我对接。这是社会的进步，但是却让传统企业的老板们非常痛苦，因为这些传统企业，正在被越来越多的个体蚕食。

10

形势好时不忘记感谢团队，形势不好时坚信问题就是机会

创业团队最忌讳两件事，因为形势大好而见异思迁，因为形势不好而灰心丧气。你应充分认识到团队的作用，没有老板、没有平台、没有团队，你现在所拥有的一切都是空中楼阁。不要看别人创业容易，自己创业了才能真正体会个中难度。也不要因为暂时碰壁而灰心丧气，在创业之初，你要坚信困难就是财富，问题就是机会，在困难和问题中我们才能逆势成长，破茧重生。如果今天的你轻而易举就可以成功，那么这样的成功别人岂不是可以轻松复制？

11

年轻创业者与连续创业者的隐患

年轻创业者和连续创业者在创投圈往往拥有较好的口碑。可事实上，这两个群体身上闪耀的光环，可能只是公众的认知偏差而已。我也亲身接触过这两个群体的创业者，但除了极少数的成功个案以外，其余的创业者更多是好高骛远、急功近利，很少有耐心坚持创业。等不及那两三年默默耕耘，所以才会成为不甘寂寞的年轻创业者；没有耐心在一件事上持续付出，才会出现打一枪换一个地方的连续创业者。

12

创业失败的人，大都源于思维上的懒惰

我经常遇到“一问三不知”的学员，缺乏思考，想要靠着一个没有经历过推敲的点子和一堆没有梳理过的逻辑获得成功，简直就是天方夜谭。创业路艰辛，四体不勤的人根本无法创业，但凡在这条路上“死掉”的人，大多是因为思维懒惰。

很多创业者在决策前缺少充分的准备，没有收集足够多的基础信息，更没有做好信息分类，没有把握好各种信息之间的逻辑关系。大多数创业者会在思考时轻信一些缺乏认证的信息，对于其中错误的逻辑关系也视若无睹，最后导致结论出错。所以，在做决策前一定要做好充分的准备工作，要厘清事物的逻辑关系，要抓住事物的本质。如果想通过肢体上的勤奋来弥补思想上的懒惰，最后的结果不可能让人满意。那些在同一件事情上犯两次错误的人，以及事事拖延的人，都是典型的思想懒惰。一件事情没有想透彻就采取行动其实是对体力最大的消耗，战略上的懒惰永远无法用战术上的勤奋去弥补。

13

创业要“先行其言”，“手比头高”才是人生常态

优秀的创业者多是精力旺盛的人。夯实脚下的每一步，坚持一步一个脚印，一点一滴的推进，会让你离目标越来越近。个人成长之路，每一步都离不开行动。遗憾的是大多数人都想得太多，做得太少。很多人和我说想法说得天花乱坠，一年之后我再问他，他却说还没有开始。如果轻而易举就可以获得成功，那么成功还有什么意义呢？推荐创业者看看我的书《想法是0 行动是1》。这辈子要想做成事，就要和常人不一样，你要付出更多。常人是“头比手高”，我们要把“手比头高”变成人生常态。

14

创业，就要有拼命的劲头和极致的投入

作为一个创业者，你别再幻想还能像给别人打工时一样放假休息，醒醒吧，创业没有假期，每天连轴转才有机会活下来。创办厚德企管的这五年，我几乎没有好好休息过，即便是国家法定节假日，哪怕是在春节，也要做一大堆的计划，没有可以真正休息的时候，只要有时间，就要尽最大的努力，去创造更大、更多的可能。我参与创业的公司，成立前三年别想真正地休假放松，甚至连陪伴家人的时间都没有。如果你贪图安逸、惧怕压力，那你根本就不适合创业，没有像“疯子”一样拼命的劲头，你很难在这条漫长的道路上走到尽头。在创业之初，只有极致的投入才能让你活下来。

15

我们为何不擅长“从0到1”的创新

一个做投资的朋友告诉我，他们在中国20年投资的所有的所谓自主创新的项目，几乎全军覆没，现在都不敢再去投资这种项目。似乎比起创新，我们还是更加擅长模仿和复制。深究起来，创新其实有两种，一种是“从0到1”，另一种是“从1到0”，我们看到的更多是后者。“从0到1”的创新是最难的，往往需要三个东西：自由的思想，批判性思维，和世界前沿思维的不断碰撞。

16

学会借势才能得势

老板要学会借势才能得势。一个人的势只能建立在一个人的能量之上，永远形不成大气候，只有众人拾柴才能火焰高，齐心协力才能生出大势。一个人不要一直低头走路，而不知道抬头看看前方。时代在变化，社会在发展，随处都是可利用的资源，你不能一直闭门造车，而应该学会借势——假如有可利用的资源、资本、资质或平台，为何还要自己去积累与创造呢？借助他人的资源，就像站在巨人的肩膀上一样，不仅能够节省自己的时间和精力，还能够体现他人的价值，一举两得的事情为什么不做呢？

第四部分

优术

——人性为先的管理智慧

纳才

谋人

招聘

标准

价值观

吸引

拓边界

匹配

- 能用钱吸引来的人都是伪高手，因为这个世界上真正的高手不会缺钱，至少不缺赚钱的能力。并非高手不在乎钱，而是在高手的世界里，放在第一位的，一定不是钱。
- 任何一个成功的老板都是优秀的人力资源高手，把核心人才紧紧地团结在一起。
- 企业要多引进战术人才，少引进战略人才。
- 我们的工作方式正在从谋生升级为创造。“雇用”时代已经过去，“合伙”时代已经开启。无论你愿意出多少钱，你都很难雇用到一个优秀的人才，除非你跟他合伙。

1

小老板谋事，大老板谋人

小老板谋事，大老板谋人。公司里所有发生的事只是表象，事背后的人才是核心！事情干好是因为人，事情干坏也是因为人。天天解决事，事就越来越多；直接解决人的问题，所有事便迎刃而解。小老板之所以是小老板，是因为天天陷在琐事中被一味消耗；大老板之所以是大老板，是因为知人善任，直接经营人才，不仅让个人获得解脱，更让企业获得成长！

2

招人，看他和公司现阶段是否匹配，而不是他“牛不牛”

我看到很多创业公司喜欢超需引入高管，动不动就开出年薪60万元、70万元招人，最后的结果大多是不欢而散。最重要的是人才同公司现在所处的阶段是否匹配，而不是他“牛不牛”。明明公司业务还未成型，就找一些“大牛”来，这明显不符合资源合理配置的原则，专有人才在大公司能创造巨大的价值，在这里只能为你不成熟的想法试错，对大家都不好。在什么阶段用什么人，公司尚处于早期，就扎扎实实大家一起努力把业务做大，在此过程中让大家都升值，这才是商业本质。

创业公司不应该只用钱去交换人才，应该吸引那些有共同目标、共同理想、共同价值观的人，大家为了公司的未来走到一起，自然会为了公司的未来而奋斗。能用钱吸引来的人都是伪高手，因为这个世界上真正的高手不会缺钱，至少不缺赚钱的能力。并非高手不在乎钱，而是在高手的世界里，放在第一位的，一定不是钱。

3

有缺点的优秀能人，强过没有缺点的平庸“完人”

聪明的老板宁愿选择有缺点的能人，也不会选择平庸的“完人”，因为高素质人才也有自己的小缺点。苛求完美反而会让人才流失。只要不是太大的缺点，都不应该过分计较，与其纠结他的不完美，倒不如将目光放在他的优势上，看他的优势能够为企业创造怎样的价值。把他的优点用到极致，这便是用人的艺术。

4

想招什么样的人，就设置什么样的标准

企业在招收人才时一定要注意：除了看文凭，还要看水平；除了看简历，还要看学历；除了看资历，还要看他是否有奉献精神……用人之道，无论大、中、小企业都是通用的。如果缺乏正确的用人理念，招来人才也是浪费，即使员工的数量不断增加，企业实力也不会相应提高，结果招来的人越来越多，企业却越来越空，就像膨胀的气球一样，总有一天会破裂的。普通企业在用人方面讲究的是文凭、职称、阅历和资历等，除此之外，更应该强调价值观和道德标准。有的放矢地去招人，才能招到志同道合的人。

5

公司常规选人的两个标准

第一，选人要看人才自己的意愿。意愿比能力、学历都要重要，一个人能力再强，只要意愿不够，能力就会被瞬间屏蔽，再强也与你无关。第二，选人要看匹配度。首先要与岗位匹配，这个人是否适合这个岗位，他的优势和这个岗位需要的胜任条件是否吻合；其次要与企业的发展阶段匹配，企业在不同的阶段需要不同的人才，领导者必须清楚在每个阶段需要什么样的人才；最后要和文化匹配，不同的企业有不同的基因，只有我们选择的人才适应公司的文化，才能施展自己的才华。只有对文化有热情，对企业基因能够自然地融入和连接，才能百分之百把心定在公司。找到和岗位匹配、和阶段匹配、和文化匹配的人，同时这个人又有强烈的意愿，这样的人，一定可以为公司创造出不可思议的价值。

6

老板要成为优秀的人力资源高手

智慧型的老板清楚地知道怎样处理负面的信息，怎样传递正能量的信息，使得员工可以始终追随自己。谎言、贬低、讨好、迷恋等手段往往会作茧自缚，误入管理的歧途，甚至让团队土崩瓦解。平衡关系靠的是简单真实，征服人才靠的是格局梦想。简单坦荡才是终极智慧！

7

找不同类型的员工加入团队

企业就是一个大集体，员工应该拥有不同的个性、属性和能力，能够满足企业的生产需求，能够帮助企业蓬勃发展。作为老板，应该找不同类型的员工加入团队，而不是找同类型的员工来工作，更不能刻意寻找与自己类似的人。优秀的老板对于员工的多样化具有绝对的包容性，他们的用人理念是：将其摆对位置，彻底激活，发挥他们的长处，让他们在最大化实现自己价值的同时帮助企业创造价值。真正的领导者一定对多样化的人才有包容心，用好、用对员工是老板的使命，而不是让企业成为改造员工个性的工厂。

8

吸引人才的四个要素

企业如何吸引人才？抱着这种思维，你永远在原地打转，永远吸引不到人才。转化思维，你必须站在人才的角度思考，人才的问题才能迎刃而解。当你真的觉察到人才需要什么，并且能够满足他们的需要，人才才会源源不断。天下人才要的都是同样的东西：一是好环境；二是大空间；三是高收入；四是好老板。人往高处走，水往低处流，只有把企业经营成“高处”，人才才会来。谨记，人才不是招来的，而是吸引来的！

9

企业要多引进基层战术人才

直接创造结果的人才，往往是企业奇缺的。高层要有决断力即头部力量，基层要有执行力即脚部力量。高层要聚焦头部，最怕高层用勤奋掩盖战略上的懒惰，一个公司的高管不思考，或者思想没有价值，是一个公司最可怕的事。同样，员工不能天天考虑老板的事，而忘记自己手上和脚下的事，员工就是要在合规的前提下不断提升执行力！

10

“雇用”时代即将过去，“合伙”时代正式开启

我们必须接受一个残酷的现实，那就是中国今后将“无工可打”，因为打工就是等价出售自己的劳动力，不用承担后果，但随着“雇用”时代的结束，我们必须努力发挥自己的特长，主动思考并解决问题，为他人、企业或社会创造价值，否则很难拥有生存的空间。我们的工作方式正在从谋生升级为创造。“雇用”时代已经过去，“合伙”时代已经开启。无论你愿意出多少钱，你都很难雇用到一个优秀的人才，除非你跟他合伙。海纳百川，有容乃大。谁先改革，谁就能大量获取创造型人才。

11

想扩充团队，就要有更多的包容和心量

如果你想拥有3000人的团队，你能够包容3000人、承载3000人吗？3000个员工就有3000个缺点，你能够包容吗？一个老板能够包容员工比你还优秀吗？一个老板能够包容员工在团队中权威比你更高吗？想要征服3000人，必先修炼出承载3000人的心量。想要驾驭3000人，必先拥有能够包容3000人的气量。这就是很多公司的老板30人可以轻松驾驭，到了3000人就玩不转的核心原因。

12

一流的员工只会被一流的老板吸引

你能吸引到什么样的人，就能干成什么样的事。公司为什么干不好？因为人不行。为什么人不行？因为老板不行。你能吸引到一流的人，就能干成一流的事。你只能吸引到三流的人，所以公司永远不入流。最可悲的就是，一帮三流的人在一起，却梦想着做出一流的公司。水平不够、能力不行，这是你现在面对的事实，和努力不努力无关。要么把自己变成一流的人，要么赶紧和一流的人合作，否则只能永远停留在现在的层次。

激仕

- 老板激励员工最好的方法是学会分钱，分钱的秘诀是永远要让20%的员工兴奋，从而让剩余80%的员工也想成为这20%。
- 老板的智慧体现在其能设计出一套愿意让员工把心交给他的机制。
- 老板强大不强大，不是看他超越了多少人，更不是看他赚了多少钱，而是要看他成就过多少人。成就的人越多，老板的成就就越大。
- 一个优秀的领导要恩威并重，威不能没有，但不能专威，如同用盐做菜，适量而已。给下属以爱和利，下属知道你是为他好，才会心悦诚服，你才有威，否则威就会招灾。

1

敢分钱、敢承担的，才是真正成熟的商人

当你总想着收别人多少钱，你就越难收到钱；当你总想着怎么赚别人的钱，你就越难赚到钱。从利己到利人，思维的转变，是老板命运改变的开始。当你愿意降低利润、承担风险的时候，所有的资源都会自动自发环绕在你的周围，取之不尽，用之不竭。资源整合的核心不是在拼老板的智慧，而是在拼格局和境界。敢分钱、敢承担的老板，才是真正成熟的商人。

2

设计薪酬，让有能力的人赚到钱

设计薪酬应该考虑两个部分，首先要满足基层员工的基本物质需求，免去他们的后顾之忧，让他们能够体面生活，他们就会安心，员工心都不能定，很难把工作做好。其次要让一部分人先富起来，让有能力的人赚到钱，让他们成为其他人心目中的标杆，增加他们的动力。

员工状态好的根本原因是薪酬，薪酬机制背后的核心是落差。老板激励员工最好的方法是学会分钱，分钱的秘诀是永远要让20%的员工兴奋，从而让剩余80%的员工也想成为这20%。薪酬体现不出落差，团队的状态肯定如一潭死水，因为干多干少、干好干坏都一样。对于强者来说，落差就是信心，落差越大信心越足；对于弱者来说，落差就是动力，落差越大动力越足！

3

用“好报”成就“好人”

员工不会对老板忠诚，而是对老板带给他的好处忠诚；员工也不会为公司的指标而努力，他只为自己想要的东西而努力。所以，老板要想让员工有执行力，就一定要让他看到做这件事对他有利。这不是员工自私，这是人性使然。愚蠢的老板才会一直用制度去要求、规范和限制员工，有智慧的老板用机制去吸引和改造员工，这就是我说的，用“好报”成就“好人”。

4

不以增加员工收入为前提的激励都是“耍流氓”

提升执行力的入口是员工利益！不能保障员工利益，就不要谈执行力，不要期望发3000元工资能让员工干6000元的活，一分价钱一分货，所有不以增加员工收入为前提的激励都是“耍流氓”。最难管理的就是无欲无求的员工，没有目标、没有进取心、没有责任心，能力再强也是废人。

5

给员工发奖励，提前说最有效果

很多时候，快乐来源于对快乐的期待，期待也是一种快乐。所以，如果你决定要对员工进行奖励，晚说不如早说，因为早说能带来最大化的快乐，也就更能达到激励的效果。如果公司奖励你去欧洲旅游，你什么时候最开心呢？是在欧洲游玩的时候吗？可能不是。其实，最开心的时候是你听到这个消息以及期盼着去欧洲的那段时间，是在你为欧洲之旅进行规划和整理行囊的时候。

6

正确的分钱方式是老板请客，市场买单

老板都在埋怨人力成本越来越高，压力越来越大，事实上，压力来自人才能力不确定的风险前置。我们赚钱的能力在下降，市场的风险在增加，人力成本要提前支付，而传统的分钱方式却没有改变。正确的分钱方式是老板请客，市场买单。公司想控制人力成本，就应设计制度让人力成本合理后置，成本后于结果发生，这样老板的压力就可以化于无形。

7

对员工的考核要想办法与“利润”挂钩

如果说销量是衡量业务人员业绩的标杆，那么利润就是标杆上的标尺，只有既能实现利润又能保证销量的营销人员才能算优秀的营销人员。所以对于员工的考核不能仅仅停留在业绩或者数量上，而是要想办法与“利润”挂钩。切勿一味地去激励团队获得业绩，不科学的激励带来的结果很有可能是业绩的提升和利润率无关甚至是利润直接下滑。

8

老板用分配机制来呈现真心；员工用明确立场来表达真心

老板用分配机制来呈现真心；员工用明确立场来表达真心。老板不先解决分配问题，员工就不敢把心交给老板；员工不先解决立场问题，老板就不敢把心交给员工。老板的智慧就体现在其能设计出一套愿意让员工把心交给他的机制；员工的智慧就体现在其能拿出一个让老板愿意与他交心的立场！

9

激励要到个体，惩罚要到集体

激励一定要到个体，而不是集体，连小集体都不行。要充分激发个体动力，挖掘个人潜力。只有个体被充分激活，团队才会发光，组织才会发展。惩罚最好要到集体，而不只停留在个体，只有这样，才能连带激发集体的荣誉感。团队的荣誉感是可以训练出来的。当一个人会因为失败而痛苦，当一个团队会因为被打败而觉得屈辱，说明心还没有死，会竭尽全力捍卫荣誉。有荣誉感的团队，永远都不会被打垮。

10

赞美是最好的激励

我很少批评我的下属，我几乎每天都在和他们说“太棒了”“太优秀了”“你怎么做到的”……人都需要鼓励和赞美，透过这样的语言习惯，可以有效增强他们工作的积极性，增加他们表现自己的欲望，甚至可以提升他们的能力。要学会去称赞你的下属，记住是不停地赞美，不要吝啬那些赞美之词，它们有可能成为最好的激励。

11

企业最好的风水，就是员工的笑脸

一个企业做得好不好，看员工的生活水平就知道了。员工住不好、吃不好、连生活都成问题的企业，我绝不相信这会是一家成功的企业。老板强大不强大，不是看他超越过多少人，更不是看他赚了多少钱，而是要看他成就过多少人。成就的人越多，老板的成就就越大。企业最好的风水，就是员工的笑脸。

12

优秀的领导会把掌声和鞭子同时送给下属

一个优秀的领导要恩威并重，威不能没有，但不能专威，如同用盐做菜，适量而已。给下属以爱和利，下属知道你是为他好，才会心悦诚服，你才有威，否则威就会招灾。光施以恩而没有威，会让下属觉得领导没有脾气，于是反复不断地测试你的底线；光施以威而没有恩，会让下属觉得领导没有风度，久而久之甚至会给下属造成领导没有本事只会发脾气的印象。恩威并重，刚柔并济，方为驭人之道！

13

老板如何和员工沟通

客户问我："你怎么和员工沟通？"我常告诉他们三句话。第一句话是"当你不能全情投入这份工作，就是时候离开了"。要营造出一种家庭氛围，让员工爱上团队、爱上文化，最终爱上这份事业，没有爱一定做不好。第二句话是"工作永远是为了自己，职业最终只是一种习惯"。价值观的统一很重要，所有人都知道工作是为自己的时候，管理的压力就会小很多，不要觉得工作疲惫或无聊，因为那是你必须面对且无法逃避的。第三句话是"没有结果的报酬是耻辱"，所以在我的企业里，从来没有人会抱怨工资低，你必须让他知道报酬是用结果交换来的。

统兵

选育用留

归属

成就

结果

尊重

正信

分辨

- 当老板发现自己越来越“轻”，别人越来越“重”时，就是成熟的前兆。
- 判断一个员工是否优秀，重点在于他是否“做好”而非“做完”。
- 只有真正有才干的人，才敢和你叫板，这是几千年不变的定律。
- 闲人在公司唯一的作用就是利用空闲时间去传闲话，成为公司负能量的源头，真正快节奏高效运转的员工是没有时间去传闲话的。

1

老板和员工

每一个老板都要想尽办法给员工找肉吃，每一个员工都要竭尽所能为企业服务！给员工找肉吃就是给自己找肉吃，员工找不到肉、吃不上肉，老板就是藏起几块肉也吃不了几顿，最终自然也要饿成皮包骨。员工为企业服务就是为自己服务，只有帮助企业获得利润、实现价值，才能从企业中获得更多的回报。遗憾的是，这么简单的道理，老板悟不透，员工也参不透，所以就开始对立，消耗不断。当老板和员工同时悟透这个道理，走上相互成就之路时，离成功就不远了！

2

员工常犯的三个错误

在企业里，最有可能造成员工效率低下的错误有三个。第一，先动手，再动脑。很多人拿到工作埋头就干，不考虑做事的方法，碰壁了再从头来过，不仅浪费自己的精力，还给公司带来损耗。员工的悟性不是体现在做错事之后再去找方法，而是在没有做之前就找到了方法。第二，小事干不好，大事干不了。很多年轻人就是这种状态，殊不知所谓的成功是一件一件小事堆积而成的，有小事的“因”，才会收获成功的“果”，没有“厚积”哪来“薄发”？第三，无法持续用正确的方法付出。方法正确还不够，你必须懂得坚持，成功的路上并不拥挤，因为懂得坚持的人太少了。

3

老员工的三大问题

公司的老员工是把双刃剑，用得好是公司的顶梁柱，用不好就是公司发展的最大阻力。有几种老员工，公司绝对不能用。第一，老员工容不下新员工，公司不能吸引更有能力的新员工加盟，这样的公司做不大。第二，老员工躺在功劳簿上吃老本，总是往后看，不向前看。第三，公司用职位来安抚老员工，论资排辈，使一些人占据了不能胜任的岗位。

4

老板经常过高估计员工的格局，过低估计员工的能力

老板内心放不下，就永远无法解脱。你不是世界的中心，少了你地球一样转，别把自己看得那么重要，少了你公司一样运行，甚至有可能比你在的时候更好。永远不要低估团队的能力，要成大事，就要学会放下，善用团队力量和团队智慧，而不是争强好胜，图一时之快，逞匹夫之勇。老板常犯的两个错误：过高估计员工的格局，过低估计员工的能力。当老板发现自己越来越“轻”，别人越来越“重”时，就是成熟的前兆。

5

优秀的人才，都不会很听话

假如一个人总是对领导言听计从，说明他根本没有自己的想法，而那些拥有真才实学的人，往往会有自己的独到见解，办事能力也很强，所以他会和你叫板，因为他有自己的傲骨，也有骄傲的本钱——自己是千里马，还怕没有伯乐吗？对于那些言听计从的人，老板不用花费太多心思去管理，下达任务就像照本宣科一样容易，摆在老板面前的难题是如何驾驭那些拥有真才实学的人。老板难就难在怎样去收服这些真正有才干的人，让他们心甘情愿地为企业所用。

6

员工成功的两个条件：占一个好平台，学一身真功夫

一辆奔驰在烂泥山路上永远比不上一台拖拉机，若换在高速公路上，拖拉机就是开散架也赶不上奔驰。成功有两个要素：拥有一个好平台和一身真功夫。要么你搭建一个平台，要么加入一个价值观一致的平台，选对了平台，行在趋势里，不动也是进步。犹如乌龟坐在行驶的摩托车上，不动也能领先兔子，借力少费力。靠个人能力的时代已经终结，合纵连横的时代已经到来。不管你是硕士还是博士，没有平台你什么都不是。船停在岸边最安全，但那不是造船的意义；人待在家里最安全，但那不是做人的意义。

7

老板为了“升维”而学习，员工为了“调频”而学习

老板学习是为了“升维”，当下的瓶颈皆来自思维的高度不够。企业领先的真相是老板的思维领先。当思维的高度凌驾于现实的问题之上，所有的问题都会烟消云散，这也是学习的意义所在。

员工学习是为了“调频”，公司内部所有的消耗均来自频率不统一。老板不能光顾着自己成长，员工听不懂你在说什么，不能正确理解你的意图，战略执行永远不能到位，这些都是“不同频”造成的。频率一致才能共振，共振就会产生力量；频率不一致就会滋生消耗，绝大多数的负能量员工都是由于“不同频”导致。所以老板要懂得通过学习来给员工的思想“调频”。

8

“做完”和“做好”之间，有“是否做到位”的本质差别

“做完”和“做好”仅有一字之差，本质却截然不同。前者是执行了，却不到位，只是走过场或者是纯粹应付了事；而后者不仅执行了，而且到位了，它代表着对目标负责，对组织负责，对利益负责。判断一个员工是否优秀，重点在于他是否“做好”而非“做完”。很多人总是自欺欺人，明明是自己没有执行到位，最后却把错误归咎于别人。既然去做了，就要付出100%的努力，懂得把事情“做好”，人生才会越来越好。

9

想让员工改变，首先要让他愿意

不要想着去改变员工，要想着如何让员工愿意为公司改变。在婚姻中，一个人只有在深爱另一个人的时候，才可能为他改变，两个人在一起很久，他没有丝毫改变，依旧我行我素，只能说明他爱自己胜过爱你。员工也是一样，内心没有臣服，光凭制度一味要求，他是很难改变的。不要想着去改变员工，这样会增加沟通的阻力，在管理上形成消耗，而要试着去改变自己、改变公司。

10

学会承担责任是员工成长的快速通道

老板成长得快是因为犯了错就得承担责任自己“买单”，员工成长得慢是因为犯了错可以不承担责任让老板“买单”。先不管这个错误由谁来“买单”，你必须让员工懂得责任，这是他独立的第一步。让员工成长的快速通道就是让员工学会承担责任，当他开始独立承担责任时，昂贵的犯错成本就会倒逼他成长。老板要让员工意识到工作、岗位的责任，让他认识和触摸到错误的代价，当员工能够认识到这份责任，思想就会升华，行为就会改变。

11

差劲和卓越的老板在对待员工错误时的不同表现

看不出下属的错，当老板还不合格；直接告诉下属“你错了”，这是“刚上路”的老板；告诉下属“你错了，错在哪儿”，这是普通的老板；告诉下属“你错了，错在哪儿，怎样才对，将来怎样避免再错”，这才是一个优秀的老板。如果你能让下属自己给自己找错误，并且能够找到修正错误的方法，就是卓越的老板！

无为而治不是没有管理，而是人人都能管好自己。

12

这三种员工不值得培养

以下几种人不值得培养。一是不懂得感恩的人。这种人往往自以为是，他认为所有的得到都是理所当然，不懂得滴水之恩涌泉相报的道理。盲目的自大会让他被孤立，很难有所作为。二是自私的人。这种人心里装的全是自己，没有利他之心，只想成就自己，有好的东西也不愿意分享，无法得到他人的拥戴，更无法成为真正的领袖。三是斤斤计较的人。总是计较自己的付出，总是不愿意主动付出，甚至总想占别人的便宜，心胸狭隘，小事也会怀恨在心，耿耿于怀。心量有限，能量自然有限。

只有培养值得培养的人，方可得真正意义上的栋梁。

13

“砍掉”公司里的闲人、庸人

公司里长期存在跟不上节奏、发挥不了作用甚至混日子的人，这种现象是公司走向衰败的先兆。闲人在公司唯一的作用就是利用空闲时间去传闲话，成为公司负能量的源头，真正快节奏高效运转的员工是没有时间去传闲话的。庸人在公司最大的作用就是让更多人变得和他们一样平庸，他们会让努力付出、创造价值的员工感觉到不公平，有能力的人是不愿意在这样的氛围中工作的。一个老板的无能就体现在容忍了不该容忍的人和事。你若想改变，就先从这些人身上开始吧。

14

企业要留下的是投资与回报成正比的员工

做生意就像做数学题一样，精明的老板懂得如何精打细算，不仅能够算出员工给企业创造的价值以及企业在员工身上的投资，还能够算出企业在团队上的投入与产出比。会“计算”的老板不会把工资看作成本，而是看作一种投资。如果投资不能与回报成正比，那么企业就不需要这样的员工；相反，如果投资与回报成正比，则需要加大投资。所以，给那些具有创造价值、能够给企业带来超额绩效的人多发工资并不会亏损什么，真正让企业亏损的是不给企业创造价值的员工。

要留下的员工应该是那些能够推着企业走的“正资产”员工，需要考虑去除的则是那些需要老板背着走的“负资产”员工。

15

建一个平台，创一套机制，让员工开始为自己做事

如何让员工开始为自己做事？首先你要明白为什么你做事情的动力不一样。那是因为你认为公司是自己的，所以才会不遗余力，全力以赴，而员工也认为公司是你的，所以事不关己，高高挂起。公司是谁的，谁就操心。老板的使命是用心建一个平台，创一套机制，引导员工把公司当作自己的，你就会看到无数人和你一样全力以赴。“引爆”员工的定是平台和机制，绝非暴力统治和心灵鸡汤。

16

当“小白兔员工”变成中高层，企业就会产生死海效应

公司发展到一定阶段后，能力强的员工更容易离职，因为他们对公司内的愚蠢行为容忍度不高，他们也容易找到好工作。能力差的员工倾向于留着不走，他们不太好找工作，年头久了，还会升为中高层。这种现象叫死海效应。好员工像死海的水一样蒸发掉，然后死海盐度就变得很高，正常生物不容易存活。360的创始人周鸿祎先生认为，公司部门领导和人力资源部门要定期清理“小白兔员工”，否则就会产生死海效应。

17

员工为什么干不好交给他的事情

员工为什么总是能力不行？为什么交给他的事情就是干不好？为什么成长缓慢？为什么总是不能独当一面？原因就在两个字——依赖。没有方法时有人帮他想，能力不济时有人帮他干，事情做不好有人帮他兜，于是他就理所当然地变成了无所事事的废人。人的潜能是无限的，当没有退路时，人才能直面困难，能量才会显现。

18

尊重员工，员工才是企业真正的主人

彼得·德鲁克说，“他们不是雇员，他们是人”。一个老板只有把员工当作人来对待，沟通才会有效，管理才会高效，为了组织的绩效而把人视为工具，这是不行的。只有恢复对人的尊重，才可能真正把人的才能释放出来。人是企业最重要的资产，管理者必须尊重每一个员工。我所说的尊重并不仅仅是言辞和举止上的礼貌，更重要的是秉持这样一个理念——员工才是企业真正的主人。

19

用动力替代压力

少给员工压力，多给员工动力。当员工对组织不认同时，你给的压力越大，他离开得越快。有效的压力绝不是你施加给他的，而是员工自己内心产生的。一个没有责任心和荣誉感的员工，你给他布置再多的工作，他工作的表现再不好，他也不会感觉到压力。因为工作做不好而焦虑，由于目标没有达成而愧疚，因为拖了团队后腿而不安，然后内心升起压力，这一切的基础，就是员工对组织的认同。老板发自肺腑地对员工好，就是给员工施加压力，你对他越好，他对工作的责任心就越强。

20

向员工要功劳，不要苦劳

企业要的是结果而不是过程。在企业中，员工不管多么辛苦忙碌，如果缺乏效率，没有做出业绩，那么一切辛苦皆是白费，一切付出均没有价值。我们追求成果，出成果就是我们的工作要富有成效，做任何事都要追求一个好的结果。我们反对只说不做，同时我们也反对做而无效。只有持之以恒地付出，不折不扣地努力，才能得到理想的回报。企业对员工价值认可的程度，取决于员工为企业创造业绩的多少。没有功劳，苦劳就是“白劳”。

21

给员工制订两个东西，
一个叫任务，另一个叫目标

给员工制订两个东西，一个叫任务，另一个叫目标。对于任务，要先说好完不成怎么办，要有惩罚机制，这就是给员工的压力。对于目标，要先设定好如果完成怎么办，要有奖励机制，这就是给员工的动力。老板的焦点一定要放在目标上，多谈做好怎么办，少谈做不好怎么办，焦点一旦放错，团队就只能在“贫困线”上挣扎。请你相信，一个人能把工作做好，一定是因为想做好，而不是因为怕做不好。前进90%是因为动力，10%是因为压力。

22

提醒第一次犯错的员工，不要提醒连续犯错的员工

当一个人第一次犯错时，你可以提醒他，但是当他第二次、第三次……甚至无数次重复犯错时，就没有再说的必要了，因为他已经很难改变，说了反而给他打击。这时不如重新评估他的能力，让他做一些适合自己，并且力所能及的事情。

当然，所犯错误需要分情况来对待。一个人在固定岗位上工作了很长时间，没有压力，没有危机感，安于现状，甚至不用脑子都可以做好自己的本职工作，他的确没犯错，但他也失去了创造力，很难再迸发出创新思维；另一个人总是考虑用新的方式去工作，其结果很可能会给企业带来风险，这样的风险是企业成长过程中很难规避的投资。

23

公司给的支持越多，员工的主动性越强

不能光靠喊口号来维持员工的动力，公司必须提供必要的工作支持。公司支持度不足，受影响最大的是那些工作积极主动的员工。对于原本就被动懈怠的员工，支持度如何，他们不会在意，而对敬业负责的员工来说，支持度不足，会令他们产生职场挫败感。支持度不足给敬业员工带来的伤害不言而喻，但一般情况下，领导者极难察觉到员工的挫败情绪。由于大多数敬业员工对自己的老板和工作非常忠诚，他们大多不愿意抱怨，不愿意制造事端，而选择默默承受。等到他们愿意表达这种挫败情绪时，往往也是他们决定离开公司之时。

24

你不敢得罪不合适员工是因为自己不够强大

很多人怕得罪人，主要的原因还是自己不够强大，因为你怕多一个敌人，而你没有御敌的资本。不要主动去得罪人，但是也不能一味地怕得罪人。老板不敢得罪员工同样是因为自己不够强大，你怕得罪了他，他会报复甚至离开。事实上只要你的公司足够成熟，你的平台足够成功，这样的员工离开又有何妨。优秀的人才一定是吸引来的，你若芬芳，蝴蝶自来。

御将

领导力

授权

信任

决策

目标

设岗

容人

- 降服高手靠境界，降服普通人靠能力，降服小人靠手段。
- 信任不控制，控制不信任，都不可能真正赢。只有既信任又控制，才可以赢。
- 一个聪明老板要做的，是不断地“推卸”自己的责任，让别人操起心来，让别人多干事情，让别人变得能干起来。
- 如果一家公司没有建立起保护强者的机制，制度就会先淘汰强者，而不是弱者。

1

领导力的核心是能够让下属相信和喜欢

领导力的核心是能够让下属相信和喜欢，天下所有成功的领导者都是因为创造了足够让别人相信和喜欢他的动机和理由。相信的背后是能力，喜欢的背后是人品，只有有能力帮助下属的人才能获得下属的信任；只有人品好、格局大、有人情味的领导才能让下属喜欢。

2

信任是领导力的体现，控制是管理能力的体现

领导力的最高形式是信任，管理能力的最高形式是控制。如果只有信任而没有控制，或者只有控制而没有信任，都谈不上是成功的管理者。成功的管理者应该既有信任又有控制。信任的是人，是充分授权，让决策效率提高，也让人的价值最大化；控制的是体系，是判断准则、进度跟进、结果监督等管理体系，是为了让执行效率得到提升，是为了让企业的价值最大化。

3

领导者，就要为最终的结果全权负责

领导并不是指阶级、头衔、特权或金钱，领导是责任。所有领导者都应清楚地知道，自己必须为最终的结果负起责任，无论好的结果还是不好的结果，都必须面对，并且全权负责。因此，领导者渴望有强而有力的团队，自律甚严，并且要求下属百分之百地付出和贡献，以确保百分之百地达成目标。真正的领导者不会担心下属的能力比自己强，但当下属不努力时，领导者也会不留情面地给予提醒；领导者更会把下属的成功视为自己的成功，而不是看成对自己的威胁。

领导者就是公司里责任最大、最敢承担责任的人，敢说“一切问题到此为止”的人！领导者就是永远不会在员工面前抱怨、推诿和找借口的人！领导者就是表率，就是一个身先士卒，常说“兄弟们，跟我上”，而不是“兄弟们，给我上”的人！领导者就是牺牲者，是一个敢于吃亏在前的人！领导者就是有大爱者，爱兵如子，能够真的把员工视为手足的人！

4

忠诚度差，但是能力很强的人，用还是不用

有同学提问，忠诚度差，但是能力很强的人，用还是不用？这个问题的前提就是错误的，当你希望员工对你忠诚的那一刻开始，你就已经输了，因为这个世界上的所有人只会绝对忠诚于自己。员工留在公司不是忠诚于你，而是因为他的需求得到了满足，其实他忠诚的还是自己。你要思考的是，如何最大化地满足人才的需求，这样才能换来更多的忠诚。遇到这样的人就不敢用、不愿用，其实是公司的吸引力太差，老板担心自己掌控不了。这样的人，对老板而言才是真正的修炼。领袖之道，不在于谁能成功驾驭更多君子，而在于谁能成功驾驭更多普通人！

5

优秀管理者的这四项要求，你做到了几项

优秀管理者有四项要求。第一，用人所长，必容人之短。管理者的焦点应该立足于下属的优点，而非缺点。第二，着眼于机会，而非着眼于问题。管理者应该紧盯一切改善、创新、突破的机会，而非问题。第三，坚持把重要的事放在前面做，每次只做好一件事。管理者不要让自己沉没在琐事里，而要集中精力做好一件最重要的事。第四，打算做一项新的业务，一定先消减一项原有业务。你要相信，个人和团队的精力都是有限的，无限制地增加新业务，反而会让自己的产品体系变得臃肿。

6

优秀的老板不是能力出众，而是知人善用

很多时候，商场如同战场，创业如同打仗。创业者就像主帅一样，需要统领万军，又需要披甲上阵。最厉害的主帅不应该是赵云那样的猛将，也不应该是诸葛亮那样的谋士，而应该是曹操、刘备那样知人善用的人，个人能力并不一定是最出众的，却懂得如何用人。所以老板要成为领袖，必须要转变思维，从经营自己到经营别人，从以自我为中心到以他人为中心，只有把自己放下，才能彻底地用好人。只有把人用好，才能成为领袖。

7

大多数企业中层不能承上，是因为空无可承

在中小企业中大多数情况不是中层干部不能、不愿承上，而是无“上”可承。老板没有核心的理念，也没有信仰，能有今天的成就完全是靠特殊手段或者偶然机会，所以企业没有办法把好的、对的、有生产力的信息传承下去，这样的企业永远做不大。遗憾的是这种状况不在少数，这就是一个企业发展过程中最大的坎。

8

优秀的管理能让员工把公司的事当作自己的事

人性的特点是不喜欢为别人做事，却愿意为自己做事。企业人员流失，老板一定要先反思自己，别一味指责别人。你所谓的管理是想让员工更多、更好地为你做事，所以效率低下；而优秀的管理是能够让员工把公司的事、当下的事、手上的事当作自己的事。激发起员工的主观能动性，培养员工的主人翁意识，往往是靠文化引导、机制牵引，而不是靠开会喊口号、谈心讲大话。

9

团队能不能带好，关键取决于团队的领袖

团队能不能带好，关键取决于团队的领袖。团队的领袖不仅要有胜任职务的能力，还要具备足够的人格魅力，能够得到下属的尊敬，并能构筑起与团队成员之间的信赖关系。团队的领袖能不能选对，决定了这个团队能不能带好。一定要挑选对人，把机会给到真正有实力的人，不能任人唯亲，更不能拔苗助长。给这样的人充分的机会，给他施展的空间，团队才能得到强化，组织才能良性发展。

10

管理是一群人领导另一群人

管理不是一个人领导所有人，而是一群人领导另一群人；不是一个人去改变所有人，而是用一群人去影响另一群人。老板要么就把有能力、有本事的人变成和自己有共同世界观、人生观、价值观的人；要么就把有共同的世界观、人生观、价值观的人培养成有能力、有本事的人。任何企业都要以人为本，因为人是一切的基础，而最先要解决的不是所有人的问题，而是一群人的问题，这个问题一旦解决，一切阻力都会化解，老板才能稳稳立住。

11

授权是把可由别人做的事情交付给别人

授权这个词通常被误解了，甚至是被曲解了。授权不是把权力交出去，更不是完全放手让员工去做，真正的意义应该是把可由别人做的事情交付给别人，这样才能真正做自己该做的事。哪些事情必须要自己去做，这件事是不是应由他人来做，他到底能不能把事情做好，这是授权的前提。若授权不当，一方面削弱了员工的积极性；另一方面也容易失去员工的信任。

12

有一种公司，死于“老板太忙”

有一种公司永远是老板一个人忙，其他人都闲，这种公司属于典型的“老板驱动”。老板忙得不可开交，靠一己之力养活整个团队，但最终的结果一定是吃力不讨好，员工会找各种借口离开，其实原因都是一样——在这里根本没有施展才华的机会。所以，但凡是有点儿想法、有点儿能力的员工，绝不会留在这样的公司。个体力量没有被充分激活，组织的力量就无法真正体现，这种公司永远做不大。

老板忙和累的原因是干了他不应该干的事。创业之初，为了生存，老板非常能干这是必需的。但是一旦生存问题解决了，老板就要考虑怎么给员工搭建让他们发挥自己价值的平台，同时去寻找那些能弥补自己不足的员工，而不是事必躬亲，亲力亲为，甚至在一些专业问题上不懂装懂。这样会让自己筋疲力尽，疲于应付，使企业没有发展的空间。另外，员工的才能无法展现，甚至人才会因为没有施展的空间而离开，企业就会因此陷入发展的瓶颈。

老板的繁忙往往与员工的责任心成反比，即老板越繁忙，员工责任心越差；老板越清闲，员工责任心越强。道理很简单，老板事无巨细抓到底，员工没有发挥的空间，责任心自然就下降了；老板充分授权，员工必须独自面对分管工作，责任心自然就提高了。海底捞的老板张勇就是一个最好的证明，他连200万元的开支都不过问，你说他能不清闲吗？可是谁又见过海底捞的员工清闲无事的呢？反观那些忙得不可开交的老板，你给你的员工授权了吗？你给了你的员工独自处理本职工作范围内大小事务的权力了吗？如果没有，你又凭什么指责或抱怨你的员工不负责任呢？

13

决策者和管理者是影响执行力的基本因素

很多企业不缺目标但缺执行力，没有执行力做保障的目标最终都只能沦为摆设。执行力源于“上”，发于“下”，成于“中”。决策者和管理者才是影响执行力的两个最基本因素。正确地做事，是建立在做正确的事的基础上的，决策者的决策失误、管理者的方法乏力、公司的流程缺失，都会让执行大打折扣。若激励不到位，没有了执行的动力，执行的方法就只能是纸上谈兵了。

14

善用企业“集体智慧”

老板的管理思维要与时俱进，过去很长一段时间，我们过度迷恋西方的各种管理理论，但是这种“单边控制”的思维已经不再适用于我国的中小企业。过去我们过度强调企业对员工行为的控制，透过精细化的管理和高效的绩效考核去要求和控制员工，而忽略了对员工“大脑价值”的利用。现在的企业，必须尊重员工的想法，多听员工的意见，加强和员工的沟通，这就是我们所说的发挥企业的“集体智慧”优势。

15

没有反对意见，就不做决策

其实企业是需要反对的声音的，一旦没有了不同意见，老板的决策风险就会增加。有一段时间，在公司我说什么就是什么，对于我的提议，甚至都不需要再集体讨论，那段时间我反而陷入迷茫。果然，很多的提议在执行过程中出现了问题。唯有反对意见，才能保护决策者不至于沦为组织的俘虏，反对意见本身，正是决策需要的“另一方案”，反对意见可以激发决策者的想象力。我们甚至要养成一种习惯——没有反对意见，就不做决策。

16

决策的依据：大局为重，结果导向

在做决策时犹豫和纠结很正常，但是你必须让自己很快找到核心，把握重点。在做决策的时候，你不应该考虑友情甚至亲情，更不该考虑关系的远近亲疏，你只要记得自己的身份，让自己对得起自己的事业，对得起自己的员工，其他皆是外围，正如我在战略会议上提到的“大局为重，结果导向”。老板的大局观不够，不以结果为导向，就一定会被私欲和情感蒙蔽。

17

设计出让企业和员工能目标合一的机制

每个人都有这样的行为倾向，就是希望自己的利益可以最大化。假如你想委托别人做一件事情，而这件事情并不能给他带来任何利益，那么最后的结果也不会太好。不要指望员工来帮你，他永远只会帮助自己。帮别人最多帮一次，帮自己才能帮一世。只有设计出让企业和员工能目标合一的机制，才能激发员工的主观能动性，让他产生意愿，员工有意愿才能有动力，有动力才会有结果。有意愿的员工不用管，没有意愿的员工怎么管也管不住。

18

手表定律：不要设置两个不同的目标

人有一只表时，可以知道现在是几点钟，轻松愉快地掌握时间，当同时拥有两只表时却无法确定时间，反而会变得混乱。这时候我们要做的就是选择其中较信赖的一只，尽力校准它，并以此作为标准。大多数人都会被“两只表”弄得无所适从，甚至心力交瘁，不知自己该信哪一个。

手表定律在企业经营管理方面也给我们一种非常直观的启发。对同一个人或同一个组织的管理不能同时采用两种不同的方法，不能同时设置两个不同的目标，不能出现两种不一样的标准，甚至每一个员工不能由两个人同时指挥，否则员工将无所适从。不要让员工做无谓的猜测和选择，这本身就已经是一种内耗。

19

谋其职，方能得其位

千万别相信“在其位，谋其职”，这只是普通人的思维，也是对员工最基本的要求。正是因为大多数人相信这样的话，企业的发展才停滞不前。真正优秀的员工是“不在其位，就谋其职”，虽是员工，却能把经理的事干了，你离经理就不远了；虽是经理，却把总经理的事干了，你离总经理就不远了。谋其职，方能得其位。

20

千万别因人设岗，要因岗设人

在公司中应该是因岗设人，切忌因人设岗。因岗设人是满足公司的需要，因人设岗是为了迎合个人的需要，在组织中把个人需要凌驾于公司需要之上本来就是错误的，不管这个人本身有多么优秀。很多老板常犯因人设岗的错误，其实是任人唯亲的一种体现，一个真正的领导者应该分清楚“事”和“情”，我们要顾及的绝不是个人的感受或者得失，而是要永远将公司的利益和发展放在首要位置。若企业真被某个人所牵制，也难有好的发展。

21

发现每个人的优点，
就等于发现了创造优秀绩效的机会

聪明的老板从来不会把人当成本，只会当成投资，因为企业中所有的有效产出，都是由员工创造出来的，如果能够发掘出每位员工身上的优点，便找到了提高企业绩效的最佳途径。因此，聪明的老板会用人所长，而愚蠢的老板才会用人所短。用人所长便是投资，虽然会伴随风险，但回报一定很大。只有舍得投资，才有可能获得高回报。

用人所长，必容人所短。老板用人的智慧在于“物尽其用”，发现人的长处，挖掘人的潜能，把其长处用对地方，将其优点发挥到极致。勿把焦点放在人的短处上，若眼中只有人的短处，则说明老板的心量不够大，容不下别人的短处。用人所长，天下无不可用之人；用人所短，天下无可用之人。

22

建立保护强者的淘汰机制

如果一家公司没有建立起保护强者的机制，制度就会先淘汰强者，而不是弱者。如果一家公司没有淘汰机制，你会发现优秀员工会最先被淘汰，他们会主动离开公司，留下平庸的员工，组织也因此进入老人文化和庸人文化。大多数优秀的公司都有淘汰机制，没有淘汰机制会带来两个恶果，一个是人员极其平庸化；另一个是老板被平庸的员工所“绑架”，直至无人可用。

掌帅

使命

共识

聚焦

预判

洞察

冒险

破框

- 不要总想强迫别人跟自己相同，这种“强迫症”会让别人不舒服，也会给自己制造麻烦和阻力。
- 当一个企业没有专业人才的时候，老板才会觉得自己是最专业的；当一个企业没有能人的时候，老板才会觉得自己是最有能耐的。在这样的公司里，老板一定是这个公司的天花板。
- 老板放错焦点，只会越走越远；老板没有焦点，只能徒劳无功。
- 所有的成功都不是因为做成了许许多多的事，而是因为做成了关键的那件事。领导者对关键之事的判断能力及解决能力是成功的关键。

1

企业的使命是让更多人幸福

很多人认为幸福是生活上的追求，与工作和事业无关，而真相是，幸福是企业的终极追求，老板的使命就是让更多人幸福。

其实不少企业家都提出为员工和客户创造价值和幸福，遗憾的是这被大多数人当作了虚情假意。而正是因为他们提出了这些主张，并且努力践行，才推动了企业持续发展壮大。近年来，我国涌现了很多“幸福企业”，如胖东来、海底捞，看似不可思议、成本巨大的经营举措，最终却获得了惊人的成功。对幸福的实践和追求，激发出了员工的内在能量，实现了和顾客的共鸣。这种能量和共鸣带来的巨大价值足以抵消相关经营举措的成本。幸福才是企业的天道人心。

2

企业家的使命感一直高于财富

我看到很多企业家的财富已足够享受几辈子，但是为什么他们还在咬牙往前冲？这背后最大的力量就是使命，使命使他们不能停止，只能向前。当财富积累到相当的量级时，带领团队继续奋斗就变成一份很大、很重的责任，需要极大勇气、毅力才能承担。这个阶段，这种使命感高于个人得失，甚至生命，在企业家心中至高无上，即使这是一种无法与外人道的孤独。“红顶商人”胡雪岩在庞大的商业帝国倾覆后，宁可向债主挨门跪拜，也要拼命保下辛苦创下的名号“胡庆余堂”，因为那是他活着的唯一支柱，柱子倒了，生有何用！

3

放下个人利益，才能具备大局观

在公司发展的过程中，伴随公司壮大，矛盾和问题也会越来越多，不必恐慌，相反你还需要感谢这些问题，问题帮助你成长。所有纠纷的根源都在人，有的人习惯把自己的利益放在首位，斤斤计较，不肯付出，这种人只能做员工。经理必须把部门的利益放在第一位，总经理必须把公司的利益放在第一位，当部门利益和公司利益发生冲突，必须无条件服从公司利益。只有人人把大的利益放在首位，公司才能欣欣向荣，这就叫大局观。

4

经营企业，就是用痛苦来换成就

为什么经营企业会越来越难，甚至感觉越来越痛苦？因为你在成长，所有的成长都是痛苦的，只有敢于直面并且忍受这些痛苦，才能成长甚至重生。就像小鸡要成长就要啄破蛋壳，蛇要成长必须把皮褪去，螃蟹要成长就要把原来的壳脱掉，这个过程痛不痛只有自己知道。鹰活40年，需要在悬崖上把自己的喙啄掉，把爪子啄掉，把羽毛啄掉，忍受极端的痛苦，然后涅槃重生，再活20年。

5

不要强迫别人跟自己相同，更不要让别人顺从

老板永远不要奢求别人和自己相同。一棵大树，正因为花开各枝、朵朵不同才有了婀娜多姿。在企业旦更不要奢求每个人都顺从你的意愿，因为你的意愿未必是对的，也并不一定适合别人的需求。眼、耳、手、鼻、口各有用处，而且互不影响，这样才能称为健全的人。

企业和员工有共同的目标，每个人各司其职，分工合作，这样的团队、这样的企业才能获得突破性的发展，企业和员工才能得到最佳的价值体现。

6

老板最需要管理好自己的情绪

领导力，就是从领导自己开始！一个人只有能够管理好自己的情绪，才有可能管理周围人的情绪。情绪不受自我控制，就是典型的不成熟的体现。一个人情绪只要升起，智慧立即熄灭。想领导别人，必先领导好自己，要领导自己，先管理好情绪！

一个经常对人指手画脚，动不动就发脾气乱批评人的人，绝对无法成为真正的领导者。永远不要轻易去指责别人，因为我们没有足够的能力去了解别人的喜怒哀乐，真正体谅别人的酸甜苦辣。每个人立场不同、角度不同，你很难了解别人的感受。换个角度，你会发现，你不是这个世界的主角，每个人都经历着不同的故事，谁都会有眼泪、有委屈、有悲伤。学会欣赏和怜悯，学会善待他人，有一天你真正具备了同理心，你的人生才会越走越开阔。

7

不要抱怨员工不理解你，你需要去理解员工

老板不要抱怨员工不理解你，即便他理解了你，这种理解也有可能来自同情，对你来说又有何意义？换个角度，尝试去理解员工。理解他们的不容易，理解他们的苦衷，理解他们的需要，理解他们的追求，理解他们犯下的错误，甚至理解他们的无知，你理解的越多，接纳的就越多。你能接纳多少人，就能支撑起多大的事业！老板要学会更多地尊重和关心下属，以员工为本，多点关怀，使员工真正感觉到温暖，从而放下包袱，激发工作积极性。老板要多点人情味，少些铜臭味。

8

想严格管理员工的老板，一般先对自己下手

企业的效益来自严格管理，严格管理的关键就是有一个认真而刻苦的老板。需要强调的是，严格不是先对员工严格要求，而是先对自己坚持高要求。你自己都喜欢睡懒觉，就别指望员工准时上班。你自己三天打鱼两天晒网，就别指望员工能够兢兢业业。遗憾的是我所看到的大多数老板都是对员工高要求，一转身却对自己无休止地纵容。宽容永远是留给别人的，你之所以成功不了就是习惯了把宽容留给自己。严于律己，宽以待人，唯有这样，方能正己化人。

9

老板常犯的两个管理错误

太多老板把企业的未来寄托在优秀员工的身上，幻想出现一群有“超能力”的员工来“英雄救美”，而忘记了其实员工才更需要企业的引领。有些事必须老板抓，比如方向、比如战略、比如决策，有些事必须员工落实，比如细节、比如执行。老板一旦“越轨”，就会产生混乱。老板常犯两个错误，一个是过高地估计员工的境界，另一个是过低地估计员工的能力。

10

老板在公司的不同阶段，做不同的事

在公司发展的不同阶段，老板关注的重点也应该是不同的。公司建立之初，员工不超过40人时，应该把时间和精力放在满足目标客户的需求上，努力打造目标客户需要的产品，还要把一群人变成“一伙人”；公司达到一定规模，员工在40~200人时，应该关注员工的发展与成长，并且建立优秀的组织架构；公司拥有一定规模，员工在200人以上时，则应该考虑公司的系统建设……

11

公司中很多变革的失败是来自老板

公司中很多变革的失败不是来自员工，而是来自老板。如果变革的目的只是让自己好，这样的变革大多不了了之。变革是为谁好？如果一心为员工好，员工还会抵触和抗拒吗？执行还会有阻力吗？最可怕的就是老板伤了员工的心，哀莫大于心死，员工心死，企业自然没了未来。你可以买到员工的时间，你可以买到员工的技能，但你买不到热情，买不到人心，而老板要做的，不是管理事物，而是争夺人心，得人心者得天下！

12

老板不能是公司最专业的人才

如果老板认为自己是公司里最专业的，说明公司里没有真正的专业人才。当一个公司没有能人的时候，老板才会觉得自己是最有能耐的。在这样的公司里，老板一定是这个公司的天花板。老板可以懂专业，但一定不是最懂的；老板也可以做事，但一定不是做得最好的。公司懂得用人，才能用好人。只有这样的公司，才能茁壮成长，生生不息。

老板总有一天会变成企业发展的瓶颈。如果老板能够从专业的角度回答公司的每一个问题，那说明这个公司肯定存在很大问题。

13

老板能让多少人放心，就能成就多大事业

大多数老板并不靠谱，更难以让员工、客户、社会放心，所以难以获得更多事业发展的外力。让人放心，是所有企业成功的必经之路。

一个心胸不够广阔的人是不太适合创业的，因为在创业的过程中，你没有办法去包容员工、客户、合作伙伴，你会不停地和别人生气，公司干得越久，反而心事越重，心中怨恨越深。唯一的方法就是让自己变得心胸开阔，你可以斤斤计较，但是不能一直斤斤计较，因为那样消耗的是你自己。当你可以气定神闲地去接纳一切，可以对一切泰然处之，你离真正的成功就起来越近了。

14

老板要做到三重相信

老板要做到三重相信：相信自己这辈子一定可以成功；让员工相信跟随自己一定可以成功；让客户和合作伙伴相信跟随自己一定可以成功。让自己相信靠信念；让员工相信靠文化；让客户和合作伙伴相信靠战略。信念、文化和战略是老板最大的信用背书。老板能不能成功，取决于你背后有多少人相信你能成功。希望是迈向成功的第一步，但是你还应修炼一种让别人相信你的能力，这种能力至关重要。

15

老板经营企业必须亲自抓的三件事

在企业中，只有三件事是老板必须亲自去抓的。第一，战略。你要时刻把握方向，并分清楚每个阶段的重点。第二，资源。你要把握公司发展的关键资源，做好内部和外部的资源配置，完成公司最有价值的资源整合。第三，文化。文化的问题不解决，人心的问题就解决不了，公司就发展不大，老板必须亲自落实文化，然后才能引领更多人体验企业文化的精髓与真谛。文化繁殖能力强，企业才会繁荣昌盛。

16

老板，你关注的焦点对吗

作为老板，必须关注焦点，才能找到重点，拿到结果。作为老板，你要把焦点放在有结果的员工身上；作为老板，你要把焦点放在有结果的客户身上；作为老板，你要把焦点放在有结果的市场上；作为老板，你要把焦点放在有结果的产品（高利润的产品）上；作为老板，你要把焦点放在你的目标客户最想要的结果上。老板放错焦点，只会越走越远；老板没有焦点，只能徒劳无功。

17

优秀企业家擅长穿透表象解决关键问题

每一个优秀的企业都拥有一位优秀的企业家，而优秀的企业家往往是一位“明白人”。他们能够透过复杂的表象，看到问题的本质所在，并且能够制定出系统性的方案或策略。当企业家拥有了这样的能力，才能确保企业永远处于发展中，一步一个脚印，直至突出重围，遥遥领先。老板要学会集中优势兵力，解决主要矛盾。所有的成功都不是因为做成了许许多多的事，而是因为做成了关键的那件事。领导者对关键之事的判断能力及解决能力是成功的关键。当问题层出不穷，老板要做的不是被问题围绕而疲于奔命，而是应该静心思考，找到核心问题，发现主要矛盾。很多问题都是假象，核心矛盾一旦解决，所有次要问题统统可以迎刃而解。

18

企业家永远缺钱，因为他们的心比钱“大”得多

不要总是认为企业家都有钱，先不说他们是不是真的有钱，可以肯定的是他们的财富是通过自己的勤奋和智慧获得的，背后是数不尽的心酸、尝不尽的血泪和常人无法承受的压力和风险。而且，我认为企业家并不是有钱人，相反，企业家是永远缺钱的人。为什么永远缺钱？因为将本心看得比钱重才是企业家，否则只能是生意人。任正非钱够不够？马云的钱够不够？对他们的梦想来说，不够。企业家最重要的就是一种冲动，一个要用尽毕生力量去完成梦想的冲动，这是推动人类进步非常重要的能量。

19

有危机感和预见性才能从容淡定

凡事预则立，不预则废。领导者只要有预见性，再棘手的问题都能提前准备好应对之策；而那些解决不了的问题多数是在事情已然发生，局势已经被动的情况下慌乱决策造成的。特别是在形势好的时候，你要预见公司有可能会出现的危机，然后提前寻找破解的方法，只有这样，才能基业长青。一个领导者的从容淡定，就是从极强的危机感和预见性中修炼出来的。《孙子兵法》上说战争的第一原则就是先胜后战，而不能在战中求胜，说的也是这个道理。

20

何为危机意识

何为危机意识？就是绿灯的时候走人行横道线也要四处张望一下，不能因为自己按照规则来，就忘了世界上还有不遵守交通规则的司机。生活有时候不讲理，别人的错误可能需要你来承担后果，所以你只知道做对的事情还不够，你还必须学会预见别人的失误。在这个危机四伏的年代，不是不犯错就可以平安无事，保护好自己已经变得越来越难。

21

敢于冒险也是一种自信

巴菲特有一句经典的投资原则，“在别人恐惧时贪婪”，这说出了赚钱的要义——敢于冒险，出手果断。冒险精神，是创业者的必备品质。敢于冒险的人，善于抓住不成熟的时机，变不可能为可能。敢于冒险的人，敢在别人不敢出手的时候出手，剑走偏锋甚至绝处逢生，一步先步步先。有人将他们的敢于冒险看成是鲁莽，但在我看来，这其实是一种绝对的自信。

22

不要停止尝试和冒险

一个优秀的企业家绝不应该放弃改变、停止学习，哪怕只是一次尝试，甚至是一种冒险，只要你的决心够大，都可以一试。一个连冒险精神都没有的老板一定没有把企业做大的魄力。我们这几年遇到的老板越来越保守，他们一次次心动却不敢行动，他们渴望改变却拒绝付出代价。悲哀的是，真正的障碍大多来自内心深处的犹豫、怀疑、猜忌。让你的心门为喜悦打开，以容纳生命赐予你的所有美好际遇。

23

老板对外研究好客户，对内研究好员工

公司有两样产品，外部产品是产品，内部产品是员工。某种程度上来说，员工是公司的第一产品，所以，培养优秀的员工是企业运作的首要目标，没有优秀的员工，想法再成功、产品再优秀，效果仍为零！

研究客户，用尽一切方法了解客户的困惑、需求、渴望和梦想，然后想尽一切办法帮助客户化解困惑、满足他的需要和帮助他实现梦想！研究员工，用心研究和观察员工的需求，想尽办法满足员工的需求、帮助员工树立梦想，然后全力以赴和员工一起去实现梦想！

24

不纠结，是一种战略性能力

很多人有一个误区，觉得做普通人轻松。其实，普通人和成功人士的辛苦程度是差不多的，而且大成功者和小成功者其辛苦程度也是差不多的。那么大成功者与普通人的差距究竟在哪里呢？真正做大事的人，有一个共同点——不纠结！不纠结，是一种战略性能力。因为纠结会在无意识中持续消耗你的生命能量，让你无法摆脱当下的琐事，更严重的是让你不敢去轻易尝试，错过人生的重要机会和有利节点。

25

老板如何做年度计划

老板如何做企业年度计划？做年度计划忌讳一厢情愿，要与实际情况相结合，不要长篇大论，要抓住核心点。关键是四个要素：目标、打法、资源和激励。目标一定要合理，并且要横分解、纵分步；打法要主次分明，抓住年度的重点；资源要落实到各路负责人并明确投入；激励要明确指标，并且奖罚分明。

26

忘掉过去的经验，打破思维边界

诺基亚正是死于“专业”，乔布斯正是赢在“不专业”。有时，必须告别惯性思维，才能迎接精彩的未来。

新问题，无法用旧经验解决。有效决策要避免两个误区：过分相信经验和过分相信自我。不要过度相信过去的经验，事实上很多新问题是无法用旧经验解决的，这个时候我们需要的是新思维，而过去的经验就会成为你思维的边界，限制你的思维，制约你的想象力，我们就会活在画地为牢、作茧自缚当中。要打破思维的边界首先要做的就是忘掉过去所有的经验，这就是你奔向广阔、自由的开始。

后记

为了世间更多的看见

字已至此，文亦将尽。掩卷之际，不禁沉思。

回首走过之路，难免自问，是否依旧为了当初心底的那份执念，而孜孜不倦。

2012年3月，我创办厚德企管。时至今日，虽为教谕之职已有八年之久，但对“老师”二字依旧诚惶诚恐，不敢轻易自言。盖因这八年之中，自己对“教育”二字的含义有了更深的理解吧。

“教”，为教书。是为了让自己所服务的企业家群体得到更多的知识和理念、拓宽眼界的同时，增加自身在某一领域的厚度，此为“知”；“育”，即育人。就要在前者的基础上，帮助学员增加对生活、事业、生命的感受力，认知自己，提高自己，找到生命的价值，用成熟或理性的认知来对待周遭，有更多的本源辨识，接近事物最根本的存在，此为“识”。“老师”之使命，概莫如是。

很多学员问我这辈子的理想是什么。我给他们的回答是："成为一名优秀的老师。"八年前登台讲完第一场课后，我彻夜难眠，一个晚上都在思考如何才能把"老师"做好。最后得出的结论是"以己之力，持续影响"。于是，我给自己定了一个目标：每天将自己在过去的所见、所闻、所感提炼出来，分享出去，这也是诸位看到的"亚东分享"的由来。

没想到，这一写就是八年。在我今日执笔之时，已经是第2799天。这期间，没有一天中断，哪怕人在国外，哪怕卧病在床。这些内容，我从最初通过短信发送给学员，每天只有200多人；到现在通过微信或朋友圈直推，每天上午能够接收到我的"亚东分享"的企业家朋友，超过20万人，转发更是不计其数。随着我的"教"与"育"，学员也在"知"与"识"。

令我欣慰的是，在这八年时间里。很多学员都是因为某条分享而结缘厚德企管，与它产生了连接，进而愿意给予我的团队去支持他们成功的机会。他们逐步有了深度思考的能力和习惯，保持了企业持续的发展，他们的成长也通过企业外在的改变一一呈现出来。正如这本书的名字，严格意义上来说应该叫《思·变》。只有经常思考、深度思考，才能发生改变。个人如此，企业亦然。

所以，这本书其实不是我"写"的，是在过去的八年时光里，从内心生发、自然流淌而成。今日将数千条分享精心筛选分类，结集成册，一方面督促自己继续学习，勤勉心中所愿；另一方面希望可以帮助更多人，使他们在家庭、事业和生命中得以更多地“看见”。

这本书的出版，要感谢生命里的很多人。

感谢与森冠文化的王娟和韩卫东二位老师的遇见，使这些内容能有最好的呈现；感谢厚德企管所有的伙伴们对我心声的听见，让每日的分享有了更广的传播；感谢企业家朋友们对我心中发愿的看见，正是他们的期待，成为我分享的动力；感谢为此书写下推荐语的几位良师益友，感恩你们的认可和信任……

最后要感谢的，是这本书的130余位“联合出版人”。这些人是我的“执友”，执诤言助我成长；是我的“智友”，持明智助我开悟；是我的“挚友”，秉真挚助我事业。他们在此项目的初始阶段就踊跃加入，成为此书的“联合出版人”，与我一起传播，为了这世间更多的“看见”。

谢谢你们。

特附上“联合出版人”名单，不分先后，在此一并谢过。

王亚东

2020年5月14日于南京

联合出版人名单

毕国胜　深圳中航物流
卜盛新　深圳银海视讯
陈　东　安徽新禾传媒
陈乐都　安徽华明工程造价
陈　颖　合肥铭源鸿医疗
程永清　安徽徽商律师事务所
程运敏　合肥意领服装定制
储成攀　格局商学合肥分院
储节红　安徽鼎榡建设
戴妍光　厚临湾私家菜
费　俊　泼盏香文化科技
冯亚辉　合肥亚邦集成房屋
付福雪　南京雪域财务管理
高道胜　黄山旭丰园
高念龙　合肥绚彩彩印
何　军　合肥车力科技
黄刚洪　安徽群兴化工
黄　骥　安徽兴胜道路工程
黄甲梅　安徽万业企业管理
李为平　安徽三严科技
梁学文　安徽鸿途创智图文
刘雨航　安徽职业技术学院
马学兵　南京新学物业管理
孟艳霞　合肥悦倾城
钱昌银　合肥银群印务
沈海燕　合肥艳九天
孙成军　安徽咖啡兔冷暖
孙少卿　合肥金诺电缆
汤秀香　合肥绿之摇
陶兴友　合肥迎津商贸
童光林　安徽福仁堂
汪　菊　安徽至爱臻品
王龙舟　安徽国佳环境
王永田　合肥智车科技
吴　浩　新快捷驾校
王丽娜　安徽霍山黑石渡
许　劼　安徽弘讯教育
杨国杰　安徽尚呈品
姚　飞　安徽鸿人铁艺
张朋永　合肥宁奥汽车服务
张长青　上海仙枫食品
赵媛媛　合肥宝灿商贸
朱宗峰　合肥付利购
马　艳　安徽科兴医疗

钟能超　阿超海鲜烤吧
胡玉芹　济南焕源坤
王　萍　山东科惠电子
张天伊　济南焕源坤
黄永梅　广州天祺医药
李永生　南京汇玳国际贸易
赖夏荣　南京乐鹰商用厨房
陈正林　南京医爱健康科技
程惠琼　武汉惠安通
丁独伟　南京适德法律咨询
丁声勇　南京涌动汽车配件
方有冬　南京盛达人力资源
冯晨玮　江苏善果缘
顾　艳　南京比坤服饰
郝志宾　南京宝龄富锦
贾　芸　成都伊得美
李芳芳　南京莫离集团
李贵永　南京苏美睿
刘　利　南京别忘了商贸
倪　红　南京炫尚服装贸易
邱　飞　南京大容文化传媒
史月红　江苏中工文化传媒
田晓峰　江苏钜联环境技术
汪德九　四川邻里优选

汪秀君　南京倾之堂
王国俊　江苏东地建设
王　慧　南京百盛财务
王加秀　盐城宇航包业
王贤君　南京逸馨药店
王玉杰　南京爱因思想
王昱珺　南京铠通汽车
王忠丽　南京六宏装饰
吴弘开　南京不多也书画院
吴燕云　江苏浦业建设
肖　峻　南京裕昌投资管理
徐志刚　常州创赢包装
薛　标　南京嘉酉威
杨　猛　南京和畅农业
张　海　南京佬滋吗
张明皋　南京瑞祥实业
陶孝平　南京伊环环境科技
钱其连　江苏好丝路
邓春芳　苏州豌豆花开
胡庆陆　苏州仕纬德机电
李　红　苏州同采艺术设计
陈　富　无锡阿富环保科技
郭大兵　无锡沐盐矿疗
孙洁琼　无锡沐盐矿疗

陈　燕　无锡铖滔九创
黄　珺　无锡优路可商贸
马洪贵　常州伊丽莎白洗涤
翁　磊　合肥三石工业设计
田　普　香港缔和企业控股
吴春雷　无锡市雷富门业
杨卫民　常州市玮文金属
柳　艳　徐州沐恩马术培训
陈倩倩　魅莱雅
杨怀俊　徐州怀俊广告传媒
刘彩杰　上海煜帆生物科技
宫泽静　南京汇思薇医疗
施云海　江苏海越教学设备
侯晓萍　扬州惠翼视联
林　惠　扬州康迪日化
薛娟娟　扬州惠馨酒店用品
严　峰　扬州市茉莉刷业
陈长辉　长沙青创互联网
胡　燕　湖南天晨工程造价
黄昌平　湖南楷锴医疗
李荣强　湖南嘉量计量检测
刘小安　长沙汇泉经贸
刘乙君　长沙益企发

朱　毅　湖南千弘科技
袁　毅　长沙新煌房地产
江　韬　湖南金一指
马海鹏　湖南军凯静爆
范先生　范太太范先生干果连锁店
李家勇　江苏吉达吉供应链
乔　猛　成都锐意汽服
张婷婷　乐古私人订制中药草本面膜
朱创新　江苏艺布景园林
徐佳慧　无锡市一诺网络
李国雨　昆山阳澄湖老渔民水产
张中东　徐州议事园餐饮
郭明珠　扬州维扬蓝天保安服务
赖发明　成都安明之家商贸
张小健　南京美诚企业管理
陈　忠　无锡卡啦卡啦漫温泉
陈　冰
孙　玉
冯国玲